인공지능을 활용한
불법파견 리스크 관리

인공지능을 활용한 불법파견 리스크 관리

초 판 인 쇄 | 2024년 1월 18일
초 판 발 행 | 2024년 1월 23일

지 은 이 | 송 명 건
펴 낸 이 | 김 남 진
펴 낸 곳 | 중앙경제
편집·디자인 | 최 가 영

주 소 | 서울시 중구 다산로 11길 19(신당동) 백석빌딩 신관 4층
전 화 | 02-2231-7293
팩 스 | 02-2235-5344
홈 페 이 지 | www.elabor.co.kr
출 판 등 록 | 80.6.21 제2-66호

I S B N | 978-89-7017-549-2 (93330)
정 가 | 20,000원

인사노무 실무에 어떻게 인공지능을
활용할 수 있는가에 대한 현직자의 실무적인 팁!

인공지능을 활용한 불법파견 리스크 관리

송명건 지음

목차

Ⅲ. 인공지능을 준법도급 관리에 적용하다!

그림·표 목차

프롤로그

인공지능AI을 활용하여 불법파견 리스크를 관리하다.

쓰나미는 어느날 도둑처럼 온다.

다보스포럼의 창립자인 클라우스 슈밥 회장이 2016년 다보스포럼에서 한 말이다. 다보스포럼은 세계경제포럼World Economics Forum으로 세계 정·재계 지도자들이 모여 전 지구적 문제 해결에 힘쓰는 국제기구이다. 여기서 제4차 산업혁명을 쓰나미로 표현하면서 전 세계에 이슈로 화두를 던져서 세간의 이목을 집중시켰다.

최근 챗GPTchatGPT발 생성형 AI 열풍이 뜨겁다. 대화형 인공지능 서비스로서 채팅으로 챗봇에게 질문을 하면 챗봇이 인공지능을 활용하여 질문에 대한 답변을 논리적으로 하여서 뜨거운 관심을 불러일으켰다. 이후에 마이크로소프트에서 '빙챗Bing Chat'을, 구글에서는 '바드BARD'를 출시하였고 국내에서도 지난 8월 24일에 네이버에서 한국형 거대언어모델 인공지능인 '하이퍼클로바X'를 출시하여 생성형 인공지능의 붐을 이어가고 있다.

인공지능이 어느덧 우리 주변에 성큼 다가와 있는 것 같다. 필자도 22년에 근무했던 회사에서 보직자들을 대상으로 하는 DT Digital Transformation 교육을 수강했다. 디지털 트랜스포메이션은 정보통신기술을 활용하여 기존의 전통적인 구조에서 디지털 구조로 전환하는 과정을 의미하는데 이 교육에서는 제4차 산업혁명은 무엇이고 인공지능은 무엇인지에 대한 기초적인 교육과 함께 오렌지Orange라는 데이터 마이닝Data mining 도구를 실습하였다.

DT 교육을 받으면서 어떻게 하면 인공지능을 업무에 활용할 수 있을까를 계속 고민하며 수업을 들었는데 수업이 계속될수록 사업장의 불법파견 리스크를 도출하는 현장 진단에 활용할 수 있을 것 같다는 생각이 들었다. 교육 후 오렌지에 관한 책과 유튜브 영상을 보며 독학하면서 오렌지로 시뮬레이션을 하게 되었고 AI 벤처기업 대표 지인들을 통해서 그 결과가 유의미하다라는 이야기를 듣고 이 책을 집필하게 되었다.

이 책은 가상의 기업인 ㈜명송전자 상생협력팀의 송 팀장과 팀원들이 스토리텔링 형식으로 인공지능 준법도급 관리에 대해서 쉽게 설명하고 있다. 왜 인공지능 준법도급 관리를 추진하게 되었는지, 인공지능이란 무엇인지에 대해서 설명하고 있고 오렌지라는 데이터 마이닝 도구를 사용하여서 도급 리스크 진단을 어떻게 하는지 각 절차별로 정리되어 있어서 실무에 바로 적용할 수 있을 것이다. 특히 진단 체크리스트 항목을 어떻게 판례에서 도출해서 구성하는지는 실제 기업에서 활용하고 있는 사례를 반영하여 실질적인 도움이 될 것이다.

독자가 기업의 인사노무 담당자라면 불법파견 리스크 진단에 어떻게 인공지능을 활용할 것인지에 대한 실무적용 팁을 얻을 수 있을 것이다. 또한 기업의 불법파견 리스크 해소를 위해서 다양한 컨설팅을 하는 공인노무사, 변호사, 컨설턴트라면 인공지능 기반의 정량적인 컨설팅 결과를 고객사에게 제공하는 데 많은 도움을 받을 수 있을 것이다.

회사 및 등장인물 소개

회사

㈜명송전자

청소기, 선풍기, 믹서기를 생산하는 가전제품 제조업체이다. 종업원은 약 1,000명이고 연간매출액은 2,000억 원, 영업이익은 200억 원 규모의 중견기업이다. 본사는 서울에 있고 사업장은 울산, 광주, 대전에 있다. 도급계약을 체결한 협력업체로부터 주요 부품을 공급받아 ㈜명송전자에서 최종 조립하여 완성품을 생산하고 있으며, 협력업체 수는 약 100개다.

• 인원 현황

1. ㈜명송전자 인원 현황

구분	청소기사업부							회전기사업부				경영지원실	합계(명)
	연구개발실	생산실				영업마케팅실	소계	연구개발실	생산실	영업마케팅실	소계		
		울산1공장	울산2공장	광주공장	계				대전공장				
인원	50	260	180	180	640	40	730	30	215	20	265	40	1,035

• 조직 현황

· 2사업부 7실 4공장 17팀 15반
· 1팀 내수, 2팀 수출

2. ㈜명송전자 조직도

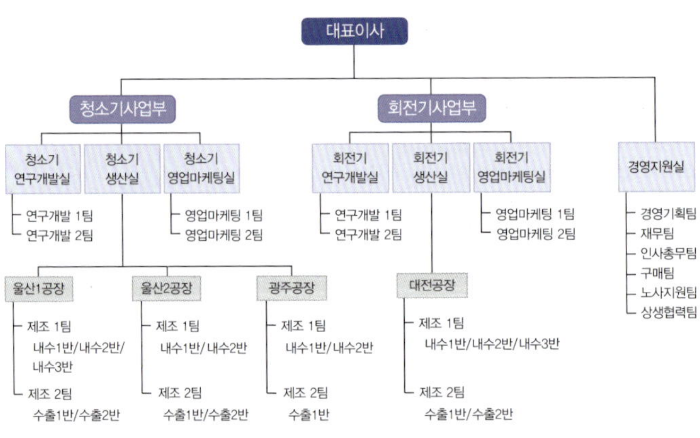

등장인물

송 팀장

현재 ㈜명송전자 상생협력팀장을 맡고 있다. 경력직으로 5년 전에 입사했으며 공인노무사로 타 기업에서 20년 동안 인사노무를 한 경험이 있다. 호탕하며 밝은 성격이지만 업무를 할 때는 꼼꼼한 준비로 팀원들을 긴장시키는 전형적인 실무형 팀장이다.

김지구 대리

경력직으로 작년에 ㈜명송전자에 입사했다. 대학에서 컴퓨터 공학을 전공하였으나 인사노무에 대한 관심이 많아서 공인노무사를 졸업 전에 취득했다. 3년간 노무법인에서 근무하여서 실무적인 부분에 대한 이해도가 높다. 업무 스타일이 완벽주의에 가까워 업무에 대한 욕심이 많고 최근 인공지능에 대한 관심이 많아 AI를 업무에 어떻게 활용할지 고민 중이다.

박우주 사원

올해 ㈜명송전자 공채로 입사했다. 대학에서 경영학을 전공했고 HR에 관심이 있어 졸업 전에 약 2년 동안 공인노무사를 준비한 경험이 있다. 특히 노사관리 분야에서 일하고 싶어 1지망으로 상생협력팀을 지원해서 최종 합격했다. 00년생 MZ세대여서 자기 생각에 대해서는 팀장과 선배들에게 명확하게 표현하는 편이고 가끔 엉뚱한 생각으로 선배들에게 놀라움을 주기도 한다.

탁 상무

올해 초 기존 경영지원실장이셨던 조 상무를 대신해서 후임으로 경영지원실장으로 부임했다. 평소 자신 있는 밝은 목소리를 가지고 있고 송 팀장을 믿고 신뢰하고 있다.

I

인공지능으로
불법파견 리스크를 관리한다고?

I. 인공지능으로 불법파견 리스크를 관리한다고?

1. 추진 배경

"팀장님! 출장 다녀왔습니다."

"김 대리, 잘 다녀왔어요? 1박 2일 동안 울산에 도급진단 출장 다녀오느라고 수고 많았어요."

김지구 대리. 기존의 팀에 있던 강균성 과장이 노무사 개업을 위해 퇴사하면서 채용한 인원이다. 경력직으로 ㈜명송전자 상생협력팀에 1년 전에 입사했다. 학부 때 컴퓨터 공학을 전공했으나 인사노무에 관심이 있어 졸업 전에 공인노무사를 취득했다. 노무법인에서 3년 동안 다양한 업무를 경험했고 도급 리스크 진단에 대한 프로젝트까지 수행한 경험까지 있다. 꼼꼼한 일처리로 팀 내에서 많은 역할을 하고 있다.

"매번 갈 때마다 느끼는 건데 이틀 안에 한 사업장의 현장 진단을 하려고 하니까 많이 힘드네요. 특히 요즘엔 더워서 더 힘든 것 같습니다.

하하. 그런데 제조팀장님과 팀원들 그리고 협력사 성학기전에서도 많은 도움을 주셔서 진단은 잘 마무리했습니다. 참, 오는 길에 1층에서 이문강 과장을 만났는데 얼굴이 좋아 보이던걸요? 여기 있을 때보다 업무가 편한가 봅니다. 팀장님."

이문강 과장. 올해 초에 과장으로 진급한 후, 상생협력팀에서 인사총무팀으로 팀을 옮겼다. 공채로 입사 이후 상생협력팀에서만 8년 넘게 근무하여 매너리즘에 빠진게 아닌가라고 걱정하던 찰나에 이과장이 인사총무팀으로 이동을 희망해서 송 팀장은 내심 고마웠다. 타 팀원들이 경력직으로 팀에 합류하고 올해 공채로 입사해서 근속이 짧아 팀 업무의 히스토리를 파악하는 데에는 아무래도 어려움이 있을 것이지만 그래도 팀원 개인의 경력개발이 더 중요하니까.

"아, 그래요? 이과장이 우리 팀에서 오래 근무해서 인사총무팀으로 갔을 때 적응을 못하면 어떻게 하나 걱정이었는데 잘되었네요. 노사협의회 업무를 한다고 들었는데 업무는 재밌다고 하던가요?"

"이문강 과장이 신입 때 인사총무팀에 잠깐 있어서 그런지 선배들도 많이 챙겨주고 이것저것 많이 가르쳐 줘서 팀에 적응하기가 수월하다고 합니다. 또 노사협의회 업무는 예전에 노무사 공부할 때 봤던 근참법[1]을 찾아보면서 옛날 기억을 떠올리며 업무를 하고 있다고 합니다."

"다행이네요. 이과장은 에이스니까 거기 가서도 잘할 거예요. 하하. 참, 김 대리, 울산은 문제없던가요?"

1) 근로자참여 및 협력증진에 관한 법률

"내려가서 작년 진단에서 나왔던 개선과제 이행 여부를 확인했습니다. 10개의 개선과제가 있었는데 6건은 개선 완료되었고 3건은 현재 진행 중이었습니다. 나머지 1건은 저희와 협력사와 계약이 변경되어야 할 부분이어서 올해는 개선이 어려울 것으로 보입니다."

"계약과 관련된 부분이라면 지금 당장은 어려울 것 같네요. 내년도 계약에는 반영이 되어야 할 텐데 이 부분에 대해서는 제조팀도 인지하고 있던가요?"

"네, 진단 마치고 제조팀과 리뷰회의 때 그 부분에 대해서는 피드백을 드렸고 내년 도급 계약할 때 반영을 추진할 것이라고 제조팀장님께서 말씀 주셨습니다. 결과는 별도로 정리해서 보고드리겠습니다."

"네, 알겠습니다. 김 대리, 수고 많았어요."

"팀장님, 잠시 시간 괜찮으세요? 드릴 말씀이 있는데…."

송 팀장은 흠칫 놀랐다. 평소 맡은 업무에 대해서는 열정적으로 추진해서 나름의 성과를 내는 김지구 대리가 하고 싶은 말이 있다고 먼저 이야기하는 게 입사 이후 처음이었기 때문이다.

"그럼요, 김 대리. 회의실 가서 차 한잔하시죠."

[상생협력팀 회의실]

송 팀장은 무슨 이야기인지 궁금해하면서 탕비실에서 커피 한잔을 타서 회의실로 들어갔다.

"김 대리, 무슨 일 있어요? 갑자기 할 말 있다고 해서 걱정이 되네요. 하하."

"아닙니다. 팀장님, 걱정은요. 무슨. 이번 울산 출장 다녀오면서 느낀 게 좀 있어서 팀장님께 말씀드리려고 합니다."

"아, 그래요? 편하게 이야기하시죠."

"우리가 도급 현장 진단을 하고 불법파견 리스크를 줄이기 위해서 체크리스트 항목별로 개선과제를 도출한 후 현업부서에 결과공유회를 하고 개선과제 이행점검을 하고 있는데요."

"네, 그렇죠. 계속 이행점검을 하면서 과정 관리를 해나가고 있죠. 그런데요?"

"개선과제가 적은 사업장은 적은데 보통 평균적으로 10개 정도가 나오거든요. 많은 사업장 같은 경우에는 15개, 20개 이렇게 나온 곳도 있고요. 그런데, 현업부서에서는 현장 운영까지 같이 하다 보니까 이 개선과제를 개선하고 실행하는 데에 많은 부담을 느끼고 있는 것 같더라고요."

"개선과제 실행에 부담을 느낀다?"

"네, 이번에 울산 갔을 때 제조팀 김과장하고 저녁에 소주 한잔하면서 이야기를 나눴는데요. 제조팀에서는 상생협력에서 불법파견이 우리 회사에서 발생하지 않기 위해서 현장 진단을 하고 개선과제를 도출하고 그것을 이행했는지 점검을 하는 것에 대해서는 많이 고마워하고 있습니다. 그런데 제조에서는 그 개선과제를 이행하는 것도 중요하지만 현장 운영이 가장 우선인 게 사실이어서 저희가 내려가서 이행점검을 한다고 할 때마다 부담을 느낀다고 이야기하더라고요."

"그렇죠. 현업은 운영이 1번이죠. 하지만 우리가 진단하고 개선과제 이행점검을 하는 게 1번인 현장 운영을 안정적으로 할 수 있게 도와주는 것이니까요. 어느 정도 부담이 되더라도 해야 할 수밖에 없는 것 아닐까요?"

"네, 맞습니다. 팀장님. 해야 하는 부분입니다. 하지만, 현업도 현업인데 저희도 사실 개선과제가 모두 잘 되었는지를 보는 게 적잖이 부담됩니다. 한 개 사업장만 있는 게 아니라 전 사업부별 사업장을 다 포함해서 전사의 개선과제의 이행점검을 해야 하니까요. 올해 우리 팀이 해야 할 개선과제 점검이 300개가 넘습니다. 팀장님."

"300개요? 그렇게나 많아요?"

송 팀장은 전사 개선과제가 300개가 넘는다는 것에 대해서 놀랐다. 매년 현장 진단계획을 수립할 때 개선과제 숫자에 대해서 보고받고 컨펌을 하지만 300이라는 숫자만 들으니까 너무 크게 와 닿았던 것이다.

"300이라는 숫자를 듣고 좀 놀랐네요. 2개 사업부에 7개 실이 있고 울산, 대전, 광주까지 사업장이 있다 보니까 또, 신규 사업을 시작하면서 예년보다 좀 늘어나서 그 숫자는 나올 수 있을 것 같습니다."

"개선과제 이행점검을 나간다고 하면 현업에서는 우리 팀한테 꼭 물어보는 게 있습니다. 개선과제 전부를 개선해야 하는지. 몇 개는 빼고 몇 개만 하면 안 되냐고."

"아무래도 현장운영과 함께 개선과제 전부를 이행하기에는 물리적인 시간도 부족하고 인원도 부족하고. 또 개선과제 이행을 위해서는 다른 팀과 그리고 협력사와 협의해야 할 것도 많고 이러다 보니까. 이해는 충분히 됩니다."

"네, 팀장님. 그런 질문을 받을 때마다 불법파견이냐 준법도급이냐는 사실관계를 근거로 주요 판단기준별로 종합적으로 판단을 하기 때문에 어떤 개선과제는 해도 되고 어떤 개선과제는 안 해도 되고 이런 것을 정할 수 없는 상황이라는 점을 설명해 주긴 합니다. 그러면 현업 담당자들은 '지원 부서에서 현장을 너무 모른다.', '너무 쉽게 이야기하는 것 아니냐.'라는 푸념을 늘어놓는 게 사실이고요."

"…"

"그래서 팀장님, 제가 생각을 곰곰이 해봤는데요. 우리가 하는 불법파견 리스크 진단에 인공지능을 도입하면 어떨까 싶습니다."

"인공지능이요? 요즘 계속 언론이나 TV에서 나오는 AI, 그 인공지능이요?"

"네, 팀장님. 맞습니다. 아티피셜 인텔리전스Artificial Intelligence, AI, 인공지능이요."

"하하. 김 대리, 인공지능을 도급진단에 적용한다고요? 말만 들어도 어렵네요. 인공지능을 상생협력에서 적용한다. 그것도 생산, 현업부서가 아닌 지원 부서에서. 게다가 노동법 등등 법률적인 부분이 필수적인 도급진단에서? 인공지능이 요즘 핫하길래 전혀 다른 세상 이야기인 줄 알았거든요. 4차 산업혁명 시대에 인공지능이 핵심이다. 챗GPT다 뭐다 해서 들어는 봤어도. 그런데 그게 가능한가요? 김 대리. 불가능할 것 같은데, 정말 무슨 공상 과학 만화영화에서 나오는 이야기인 것 같은데요."

"팀장님. 그렇게 생각하실 수 있을 것 같습니다. 불법파견 리스크를 관리하기 위해서는 진단에서 도출한 개선과제를 이행해야 합니다. 우리가 해야 할 일이죠. 현업과 그리고 우리 팀의 숙명이죠. 그런데 개선과제 수도 많고 그 개선과제를 전부 다 하는 것도 현업에 부담이고 우리 팀 역시 전사 전체 개선과제를 이행 점검하는 것도 부담이고 해서 인공지능을 활용하면 효율적으로 할 수 있지 않을까해서 생각을 해봤습니다."

"우리 김 대리가 갑자기 그런 생각을 하게 된 이유가 있을까요? 궁금하네요. 인공지능을 업무에 활용하겠다고 갑자기 이야기하는 게."

"팀장님, 제가 작년에 팀장님께서 보내주셔서 DT 교육 다녀온 거 기억하시죠?"

"DT 교육? 아, 그 디지털 트랜스포메이션Digital Transformation? 4차 산업혁명과 디지털 대전환의 시대를 준비하고 혁신적 성장을 위해서 인사총무팀에서 전사 교육으로 실시했던 교육이죠? 팀별로 한 명씩 보내달라고 해서 컴퓨터 공학을 전공하기도 했고 그때 우리 김 대리가 업무 출장도 없어서 교육을 보냈던 기억이 납니다."

"네, 그 DT 교육에서 인공지능에 대해서 배웠거든요. 인공지능이라는 것이 무엇인지부터 AI를 업무에서 어떻게 활용할 수 있는지에 대해서요. 8시간 하루 교육이었는데 교육받으면서 떡하니 떠올랐어요. '아, 인공지능을 도급진단에 적용하면 효율적으로 불법파견 리스크관리를 할 수 있겠다.'라는 생각이요."

"어떻게 해서 그런 생각을 하게 된 거예요?"

"DT 교육에서 실제 업무에 AI를 적용한 케이스를 소개해 줬는데요. 그 중의 하나가 바로 구매가격을 예측하는 거였습니다."

"AI를 활용해서 구매가격을 예측한다고요?"

"네, 구매가격을 결정할 때 고려하는 요소 즉, 구매 품목의 이전 몇 년간의 구매 확정가격, 필요 수량, 기간, 납품업체의 수, 납품업체의 제안단가 등 과거 데이터를 기반으로 선형 회귀분석 모델에 인공지능을 적용해서 구매단가를 예측하더라고요."

"데이터를 기반으로 구매가격을 예측한다? 음, 그런데 김 대리. 구매단가를 예측할 때는 이전의 구매단가, 필요 수량 등 숫자가 나와서 그것을 활용하면 적용을 할 수 있을 것 같기도 합니다. 그런데, 우리 도급진단에서는 숫자가 나오는 게 아니라 판단기준 같은 건 문자잖아요. 텍스트 기반으로 된 것도 인공지능을 적용할 수가 있는 건가요?"

"네, 팀장님. 제가 작년 말에 DT 교육을 듣고 인공지능에 관심이 있었던 터라 나름 공부를 했습니다. 그 결과 문자, 텍스트 역시 AI를 적용할 할 수 있는 방법을 확인했고 또 그것을 우리 팀의 불법파견 리스크 진단에도 적용을 할 수 있을 것 같다는 확신이 들었습니다."

"확신까지요? 하하. 대단한데요?"

"사실 팀장님, 도급 리스크 진단을 하면서 실무적으로 많은 어려움이 있습니다. 우리가 현재 하고 있는 도급이 준법도급인지, 불법파견인지는 근로자지위확인소송이 제기되고 법원의 판단이 있기 전에는 확정할 수 없고 또 소송이 제기되더라도 대법 3심까지는 최소 5년 이상의 시간이 걸리기도 하고요. 그렇다 보니 우리 대표님도 사업부장님, 실장님들도 우리 팀에게 '그러면 현재 우리가 하고 있는 도급은 불법파견이야? 준법도급이야? 문제는 없어?'라고 물어보실 때마다 준법도급이다, 불법파견이다라고 확정적으로 말씀드리기가 어려웠습니다. '불법파견으로 판단 받을 가능성이 높습니다, 낮습니다.' 이정도 밖에는."

"그렇죠. 법원 판단 전에는 확정되지 않으니까요. 그리고 또 우리는 아직 근로자지위확인소송이 제기된 적이 없어서 비교 대상이 없어서 더욱 그렇기도 하고요."

"네, 맞습니다. 팀장님. 그래서 제가 고민했던 것이 인공지능을 활용해서 우리가 하는 도급이 준법도급인지, 불법파견인지를 예측할 수 있는 시스템을 만들고 또 거기서 불법파견으로 예측이 된다면 예측 결과에 미치는 영향도가 큰 체크리스트 항목별로 개선해서 준법도급으로 예측이 될 때까지만 개선과제를 선정해서 실행할 수 있다면 현업부서에도 그리고 저희도 선택과 집중을 통해 개선과제 실행과 관리를 할 수 있지 않을까라고 생각했습니다."

"우리 김 대리 말대로 그렇게만 된다면 아주 효율적으로 불법파견 리스크를 관리할 수 있을 것 같은데요? 대단합니다. 김 대리. 하루 8시간 교육 듣고 그런 인사이트를 얻어서 또 스스로 공부해서 업무에 적용하려고 했던 자체가 정말 대단합니다."

"하하. 고맙습니다. 팀장님. 제가 관심이 있던 분야이기도 하고 또 요즘에 너무 인공지능이 핫하기도 하고요."

"그러면 김 대리, 어떻게 추진하면 될까요? 생각해 본 게 있나요?"

2. 추진 방향

"네, 팀장님. 인공지능을 도급 리스크 진단 결과분석에 활용해서 준법도급 관리를 고도화시켜보겠습니다."

"인공지능을 적용한다면 도급 리스크관리 프로세스가 달라질 것 같은데요, 적용 전과 후가 어떻게 달라지나요?"

"네, 팀장님. 도급 리스크관리 프로세스별로 적용 전과 후가 어떻게 변경되는지 설명드리겠습니다."

3. 도급 리스크관리 프로세스

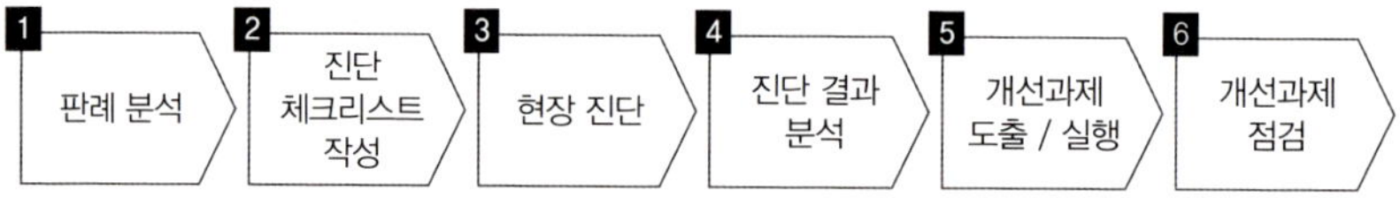

1) 판례분석

"먼저, 판례분석입니다. 현재는 불법파견과 준법도급과 관련된 판례 중에 40여 개의 주요 핵심 판례만을 분석하나 인공지능을 적용하기 위해서는 현재 법원에서 판단을 받은 모든 판례를 분석해야 합니다."

"아, 그게 가능한가요? 한두 개도 아닐 텐데요. 지금 우리가 주요 핵심 판례를 분석하는 이유가 선택과 집중을 해서 주요 판례에서 판단기준을 도출하기 위한 것인데. 모든 판례를 분석해야 하는 이유가 따로 있나요?"

"네, 팀장님. 인공지능을 활용하기 위해서는 데이터 확보가 가장 중요합니다. 왜냐하면 그 데이터를 통해서 인공지능이 학습한 후에 그 데이터 학습을 기반으로 AI 분석모델이 예측하기 때문입니다. 데이터가 많으면 많을수록 예측도가 높아지기 때문에 가능하면 많은 판례를 분석하는 것이 필요합니다."

"그럼, 우리 팀원 모두가 판례분석에만 집중해야 한다?"

"하하. 안 그래도 저도 고민인 게 판례 수가 많을 것인데 어떻게 할지가 고민입니다. 우선은 대법 최종심까지 나온 주요 핵심 판례를 선정해서 AI 분석모델의 예측 결과를 분석한 후에 신뢰성이 있다고 판단될 때 전체 판례로 확대해 보겠습니다."

"네, 알겠습니다. 다음 단계인 진단 체크리스트는 어떻게 달라지나요?"

2) 진단 체크리스트 작성

"현재는 40여 개의 주요 핵심 판례를 분석하여 그 판례에서 언급된 주요 판단기준을 진단 체크리스트에 반영하였다면 인공지능을 적용한 후에는 분석한 모든 판례에서 판결 이유로 언급된 모든 판단기준을 진단 체크리스트에 반영하게 됩니다."

"이 역시 모든 판례를 분석해야지만 가능하겠네요."

"네, 맞습니다. 팀장님. 그래서 앞서 말씀드린 대로 대법 최종심까지 나온 주요 핵심 판례를 선정해서 판단기준을 도출해 보겠습니다."

3) 현장 진단

"네, 알겠습니다. 그러면 확정된 진단 체크리스트를 가지고 현장 진단을 하게 되겠군요. 현장 진단 부분에서도 변경되는 부분이 있나요?"

"현장 진단 부분에서는 인공지능 적용 전과 후가 크게 달라질 것은 없습니다. 하지만, 현재는 주요 판례 40개에서 도출된 진단 체크리스트 항목이 10여 개 남짓인데, 불법파견, 준법도급 전체 판례에서 도출된 판단기준을 적용하면 진단항목이 훨씬 많을 것으로 보입니다."

"얼마나 될까요?"

"직접 해보지 않아서 그리고 판례가 몇 개인지를 확정할 수가 없어서 말씀드리기가 어려우나 최소 100개 이상은 되지 않을까 싶습니다."

"100개가 넘는 판단기준을 가지고 현장 진단을 한다. 음, 그러면 현장 진단에 시간이 지금보다 더 많이 걸리겠군요."

"아무래도 그럴 것 같습니다. 현업부서에서도 부담이 될 것 같기도 합니다. 하지만, 팀장님. 인공지능을 기반으로 준법도급인지 불법파견인지를 예측할 수 있고 그에 따라 개선과제의 우선순위를 정할 수 있다면 그 정도의 노력은 필요한 부분이고 또 현업부서를 설득시킬 수 있을 것 같습니다. 개선과제 실행에 따른 현업의 피로도를 줄일 수 있으니까요."

"알겠습니다. 김 대리. 다음은요?"

4) 진단 결과분석

“바로 여기에서 인공지능 적용 전과 후가 많이 변화됩니다. 현재는 진단항목별로 리스크가 높다, 중간이다, 낮다고 결론이 나오게 됩니다. 우리 팀이 진단하였지만, 법원의 판결이 있기 전까지는 불법파견 여부를 확정할 수 없으므로 우리 팀이 판단할 수밖에 없는 구조입니다.”

“그렇죠. 우리가 나름의 분석과 판단기준으로 진단하였지만, 불법파견인지 아닌지는 확정할 수 없으니까요. 최종 판단은 법원의 재판부가 하는 것이니까.”

“그런데 인공지능을 도입하게 되면 AI 분석모델이 판단기준에 따른 현장 진단 결과 데이터를 보고 그 사업장이 불법파견인지 준법도급인지 예측할 수 있습니다.”

“김 대리, 아직 잘 와닿지 않네요. 인공지능에 대한 지식이 거의 없어서. 어떻게 AI가 예측한다는 거죠?”

“판례를 분석한 후 도출한 진단 체크리스트 항목이 반영된 학습용 데이터를 AI 분석모델이 학습하고…. 팀장님, 지금 이렇게 말로 설명해 드리면 이해하시기가 더 어려우실 것 같고요. 시뮬레이션이 완료된 이후에 별도로 설명해 드리는 게 더 좋을 것 같습니다. 그러면 이해하시기가 지금보다는 더 쉬우실 거예요.”

“알겠습니다. 우리 김 대리가 지금 열정적으로 설명해 주시는데 제가 이해를 못 하고 적극적으로 공감을 못 해서 미안하네요. 일단 저도 인공지능에 대해서 나름대로 공부를 더 해보겠습니다. 다음 절차는 어떻게 변하나요?”

5) 개선과제 도출 / 실행

"진단 결과가 나오면 현재는 진단항목별로 개선과제를 도출합니다. 그 개선과제 전체를 사업부에 결과를 공유하고 사업부에서는 개선과제를 실행하게 됩니다. 그런데 개선과제 수가 많고 또 실행에 따른 피로도가 현업부서에, 그리고 전사 개선과제 과정관리를 하는 우리 팀에게도 피로도가 있습니다."

"인공지능을 도입하면 어떻게 달라지죠?"

"인공지능을 적용하게 되면 도출한 진단 체크리스트 항목별로 예측 결과에 미치는 영향도를 도출할 수 있습니다. 즉, 진단 체크리스트 항목이 200개라고 가정하면 200개 항목 중에 예측 결과인 불법파견 또는 준법도급에 가장 영향을 많이 미치는 순위를 알 수 있습니다."

"진단 체크리스트 항목이 예측 결과에 미치는 영향도 순위를 인공지능이 도출해 주는 거네요?"

"네, 맞습니다. 바로 이것이 현업부서와 우리 팀의 피로도를 줄여 줍니다. 왜냐하면 영향도가 큰 진단 체크리스트 항목부터 개선하고 다시 예측해서 그 예측이 불법파견에서 준법도급으로 전환될 때까지만 진단 체크리스트 항목을 개선하면 되기 때문이죠. 현재는 전체 개선과제를 실행했다면 인공지능을 도입하면 선택과 집중을 통해 준법도급 전환을 시키는 개선과제까지만 실행하면 되는 것입니다."

"전체 개선과제 실행이 아니라 준법도급 전환을 시키는 개선과제까지만 실행하면 된다?"

"네, 맞습니다. 팀장님."

"하하. 김 대리, 아직 감이 잘 오네요. 어떻게 불법파견으로 예측했는지, 어떻게 영향도가 높은 판단기준을 도출하는지도, 또 그걸 개선했을 때 준법도급으로 전환이 되는지도."

"네, 팀장님. 당연히 그러실 수 있을 것 같습니다. 하지만 시뮬레이션 완료 이후에 정리된 자료와 함께 AI 프로그램을 직접 실행해 보시면서 들으시면 제가 지금 드리는 설명을 쉽게 이해하실 수 있을 것 같습니다."

6) 개선과제 점검

"이후에 개선과제 이행점검은 현재는 도출된 개선과제 전체를 대상으로 하게 되었다면 인공지능을 적용하면 전체 개선과제 중에 준법도급 전환을 시키는 개선과제까지만 이행점검을 하게 되어 현업부서의 개선과제 실행에 따른 피로도와 우리 팀의 전사 관리의 피로도를 줄일 수 있습니다."

"알겠습니다. 김 대리. 왜 인공지능을 불법파견 리스크관리에 도입해야 하는지, 어떤 방향으로 진행을 할 것인지에 대해서 잘 들었습니다. 앞서 말씀드린 것처럼 인공지능에 대해서 잘 몰라서 그런지 김 대리의 설명을 완벽히 이해할 수가 없네요. 저도 저 나름대로 공부를 좀 해보겠습니다. 김 대리가 인공지능 준법도급 관리를 추진하려면 해야할 것도 많고 힘들 것 같은데요. 혼자 가능하시겠어요?"

"하하. 팀장님. 저 혼자서 하기에는 다소 힘들 것 같습니다. 다른 선배들도 진단이나 교육 등으로 매우 바쁘시니까 팀 막내 박우주 신입사원과 함께 리스크관리 OJT On the Job Training를 겸해서 같이 해보겠습니다."

"알겠습니다. 제가 우주 씨한테 그렇게 업무 지시하겠습니다. 아, 벌써 5시네요. 금요일인데 일찍 퇴근하시죠. 주말 잘 보내시고요. 수고하셨습니다. 김 대리."

"네, 팀장님. 주말 잘 보내시고 월요일에 뵙겠습니다."

인공지능 준법도급 관리 추진 배경

1. 추진 배경

4. 인공지능 준법도급 관리 추진 배경

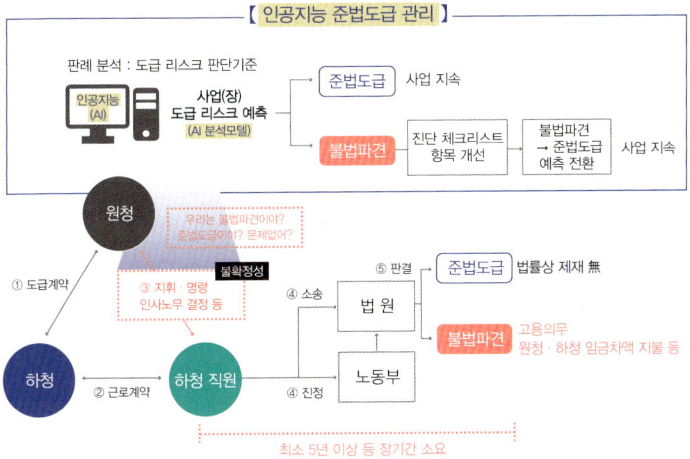

· 노동부 진정 또는 근로자지위확인소송을 제기한 후, 법원 판결까지 최소 5년 이상의 장기간 소요

· 법원 판결 전까지는 불법파견인지, 준법도급인지 불확정적이나 원청에서는 안정적인 사업운영을 위해 도급 운영의 불법 여부에 대한 실시간 확인 필요

· 불법파견 및 준법도급 전체 판례를 분석한 후 진단 체크리스트 항목을 도출하여 인공지능을 활용한 AI 분석모델을 설계, 사업(장)의 도급 리스크에 대한 예측가능

· 준법도급으로 예측되면 사업 지속

· 불법파견으로 예측되면 예측 결과에 高 영향도 진단 체크리스트 항목 순서로 개선추진

· 예측 결과를 준법도급으로 전환될 때까지만 진단 체크리스트 항목 개선추진 후 사업 지속가능

2. 추진 방향

» 5. 인공지능 준법도급 관리 추진 방향

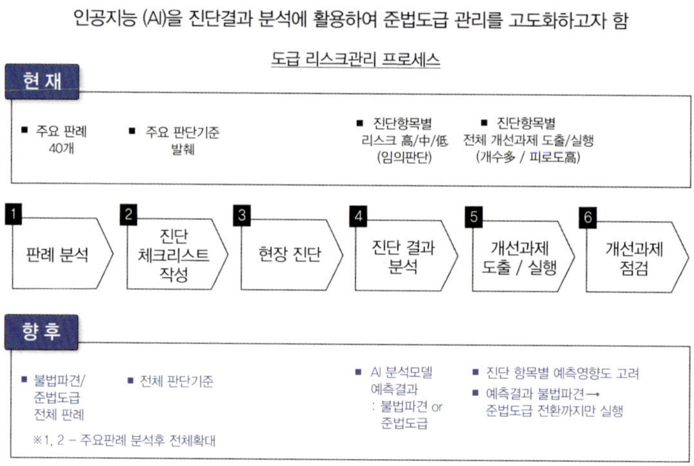

1) 판례분석

· 현재 : 불법파견 및 준법도급 주요 판례분석

· 향후 : 전체 판례분석

※ 단, 주요 판례분석에 따른 AI 분석모델 신뢰성 검증 후, 전체 확대

2) 진단 체크리스트 작성

· 현재 : 주요 판례분석 후, 주요 판단기준 발췌

· 향후 : 분석한 전체 판례에서 판단기준 도출 후, 진단 체크리스트 항목 확정

3) 진단 결과분석

· 현재 : 진단 수행자에 의한 진단항목별 리스크 판단 (리스크 高/中/低)

· 향후 : AI 분석모델로 불법파견인지, 준법도급인지 예측

4) 개선과제 도출 / 실행

· 현재 : 전체 진단항목별 개선과제 도출 및 실행, 개선과제 개수 多, 현업 부서 및 진단부서의 과제실행 피로도 高

· 향후 : 진단항목별 예측 결과 영향도 고려, 高 영향도 진단항목 순서대로 준법도급 전환까지만 개선, 선택과 집중 가능, 개선과제 실행/관리 피로도 低

Ⅱ

인공지능에 대해서 알아보자

Ⅱ. 인공지능에 대해서 알아보자!

[월요일 아침 7시.]

송 팀장은 인공지능을 공부해 볼까 하고 주말에 서점에서 구입한 인공지능 책을 폈다. 지난주 금요일 김지구 대리가 인공지능을 도급 리스크 진단에 적용해 보겠다고 해서 인공지능에 대해서는 문외한이라 조금이라도 이해해 볼까하는 마음에 책 한 권을 구입했다.

"팀장님, 안녕하십니까?"

"네, 우주 씨. 주말 잘 보내셨나요? 월요일인데 일찍 출근하셨네요."

박우주 사원. 올해 ㈜명송전자 공채로 입사했다. 대학에서 경영학을 전공했고 HR에 관심이 있어 졸업 전에 약 2년 동안 공인노무사를 준비한 경험이 있다. 노사관리 분야에서 일하고 싶어 1지망으로 상생협력팀을 지원해서 최종 합격했다. 00년생 MZ세대여서 그런지 모르겠지만 자신의 생각과 의견을 팀장과 선배들에게 명확하게 표현하는 편이고 가끔 엉뚱한 생각으로 선배들에게 놀라움을 주기도 한다.

"참, 우주 씨. 혹시 인공지능, AI에 대해서 들어 보셨어요?"

"인공지능이요? 아, 챗GPT라고 요즘에 물어보면 답을 해주는 게 있다고 해서 몇 번 써보기는 했습니다. 정말 무엇이든 물어보세요던걸요? 웬만한 건 전부 대답을 다 해주더라고요."

"챗GPT를 써보셨어요? 역시 MZ라 그런지 무엇이든 궁금한 것은 먼저 해보는 스타일?"

"하하. 팀장님, 아닙니다. MZ여서가 아니라 제가 궁금한 것은 좀 못 참는 성격이거든요. 엉뚱한 상상을 좀 하기도 하고 궁금하기도 해서 몇 번 해봤습니다."

"그렇군요. 음, 인공지능을 우리 팀 업무에 적용해 볼 수 있을까요?"

"인공지능을 팀 업무에 적용한다고요? 어떻게요? 한 번도 생각 안 해봤는데…."

"그렇죠? 상상해보기 쉽지 않은 거죠? 저도 그런 생각은 전혀 해보지 않았거든요. 그런데 우리 김 대리가 지난주에 울산 출장 다녀와서 인공지능을 도급진단에 적용해 보겠다고 하네요. 하하. 우리 우주 씨도 AI에 관심이 있는 것으로 보이고 또 선배랑 같이 프로젝트 하면서 도급진단에 대한 업무 OJTOn the Job Training도 하면 좋을 것 같아서 김 대리와 같이 한번 해보는 게 좋을 것 같은데, 어때요?"

"인공지능을 도급 리스크 진단에 적용하는 프로젝트에 제가요? 전 아직 신입이어서 아무것도 모르는데….”

“하하. 걱정하지 마세요. 신입은 신입사원답게 하나씩 천천히 배우시면 됩니다. 그러면 김 대리와 함께 AI 프로젝트 한번 해봅시다. 부담 갖지 마시고 꼭 성과를 내야 한다. 그런 건 아니니까요.”

“네, 알겠습니다. 팀장님. 김 대리한테 관련 내용 물어보고 같이 해보겠습니다.”

[오전 11시. 상생협력팀 사무실.]

김지구 대리는 오전 내내 울산 출장 결과 보고서 작성을 위해서 울산공장 제조팀과 화상회의를 하고 자리로 돌아왔다.

“우주 씨, 주말 잘 보냈어요? 출근하자마자 울산 제조팀하고 지난주 현장 진단 결과 보고서 작성 관련해서 8시부터 1시간 회의로 시작한 게 벌써 11시네요.”

“네, 김 대리님. 자리에 없으셔서 회의 가신 줄 알았습니다. 하하. 참, 팀장님께서 아침에 AI 프로젝트를 대리님하고 같이 한번 해보라고 말씀하시던데.”

“아, 벌써 팀장님께서 말씀하셨어요? 금요일에 말씀드렸는데 빠르기도 하셔라. 하하. 점심 먹고 오후에 회의실에서 관련해서 이야기 좀 할까요?”

“네, 대리님. 알겠습니다.”

[오후 1시. 상생협력팀 회의실.]

박우주 사원은 유튜브로 인공지능에 대한 영상을 보고 있다. 인공지능에 관해 관심이 있었지만, 송 팀장이 AI 프로젝트를 선배 김 대리와 함께 해보라고 해서 부담인 눈치다. 모르는 분야를 공부하기 위해서 책을 구입해서 보는 송 팀장과는 달리 MZ여서 그런지 유튜브 영상을 보면서 인공지능에 대해서 알아보고 있다.

"우주 씨, 뭘 그렇게 열심히 보고 있어요?"

김지구 대리가 회의실로 들어오면서 에어팟을 끼고 유튜브를 보고 있던 박우주 사원에게 질문했다. 업무시간인데 에어팟을 끼고 있는 신입사원이라…. 좀 놀란 눈치다.

"아, 네. 대리님. 인공지능 프로젝트를 한다고 생각하니까 관심은 있지만 구체적으로는 몰라서 인공지능이 뭔지 쉽게 설명해 주는 영상이 있어서 잠깐 보고 있었습니다."

"그랬군요. 저도 인공지능에 대해서 잘 몰라요. 컴공을 전공했지만 그래도 깊이 있게 공부를 했던 것은 아니거든요. 그런데 작년 말에 DT 교육을 받았는데 잘만 하면 인공지능을 우리 팀 업무에 적용할 수 있지 않을까 해서 송 팀장님께 말씀드리고 시작하게 된 겁니다."

"아, 선배님. 대단하시네요. 저는 교육 들으면 진도 쫓아가기 바쁜데 선배님은 거기서 인사이트를 얻으시고 업무에 활용하신다고 고민까지 하시고. 대단하십니다. 존경합니다. 선배님. 하하."

"존경은 무슨. 관심이 있던 분야이기도 했고 좋은 기회가 돼서 교육을 듣게 되었는데 그럴 의도는 아니었어요. 그런데 인공지능 설명을 들어보니까 우리 팀이 하는 도급 리스크 진단에 활용할 수 있을 것 같다는 생각이 들었어요. 그래서 한번 해보자고 말씀드렸는데 우주 씨랑 같이 하게 된 거예요. 우주 씨 그러면 같이 한 번 잘해봐요. 우리."

"네, 선배님. 저는 선배님만 믿고 해보겠습니다. 잘 부탁드릴게요."

"네, 그럼. 제가 인공지능이 무엇인지에 대해서 정리한 자료가 있는데 그것을 보면서 설명해 드릴게요. 인공지능이 무엇인지를 알아야지만 그것을 우리 도급 리스크 진단에 활용할 수 있으니까 잘 한번 들어보세요."

1. 인공지능의 이해

1) 인공지능의 개념

» 6. 인공지능의 이해

인공지능

- 인간의 학습, 추론, 지각능력을 인공적으로 구현하려는 컴퓨터 과학 분야
- 수많은 데이터 입력 + 프로그래밍 작업 필요

머신러닝

- 데이터를 스스로 학습하여 분석 모델 도출
- 사람이 모든 사례를 프로그래밍하지 않아도 데이터를 기계가 학습하여 예측의 정확성을 높일 수 있는 모델을 찾아냄
  → 학습데이터를 이용하여 모델을 구하는 것
- 실제 현장의 특성을 반영한 데이터 확보가 중요

딥러닝

- 신경망을 사용한 문제해결
- 인간의 뇌의 작동원리를 모방하여 의사결정, 시간/투자비 ↑

"우주 씨, 인공지능에 대해서 들어보신 적 있죠? 인공지능은 무엇이라고 생각하세요?"

"요즘 언론이나 방송, 광고에서 하도 AI, AI 해서 많이 들어봤습니다. 그리고 챗GPT도 몇 번 써보기도 했고요. 인공지능은 기계가 사람처럼 지능을 가지고 하는…. 정확한 뜻은 잘 모르겠습니다."

"하하. 네, 맞아요. 어렵죠. 인공지능은 인간의 학습, 추론, 지각 능력을 인공적으로 구현하려는 컴퓨터 과학의 한 분야입니다. 영화 스타워즈에 나오는 R2 아시죠? 드럼통 모양의 깡통로봇. R2가 스스로 생각하고 판단해서 행동하기 때문에 인공지능이라고 볼 수 있죠."

"스스로 생각해서 판단하며 행동하는 인간이 아닌 인공적인 기계가 바로 AI인 거네요?"

"네, 맞아요. 자동차 생산 공장에서 흔히 볼 수 있는 용접 로봇 아시죠? 그 용접 로봇은 인공지능이 아니에요. 스스로 생각해서 판단하고 행동하는 게 아니라 일정하게 정해진 순서와 경로로 반복 작업을 하는 거니까요. 하지만 스타워즈에 나오는 R2 깡통로봇처럼 인간과 유사한 지능을 구현하기 위해서는 수많은 데이터를 입력해야 하고 또 프로그래밍 작업이 필요해서 인공지능을 구현하기는 매우 어렵다고 합니다."

"그렇군요. 대리님, 인공지능 유튜브 보면서 머신러닝Machine Learning, 딥러닝Deep Learning 같은 말도 들어봤는데요. 그것도 인공지능이에요?"

"머신러닝과 딥러닝은 인공지능의 하위개념으로 보시면 될 것 같아요. 머신러닝은 말 그대로 기계학습이에요. 기계가 데이터를 스스로 학습하여서 분석모델을 도출하게 됩니다. 인공지능에서는 수많은 데이터를 사람이 직접 입력하고 프로그래밍 작업을 했다면 머신러닝은 사람이 모든 사례를 프로그래밍하지 않아도 데이터를 기계가 학습하여 예측의 정확성을 높일 수 있는 모델을 찾아내게 됩니다. 즉, 학습데이터를 이용해서 모델을 구하는 것이죠. 그래서 머신러닝에서는 실제 현장의 특성을 잘 반영한 데이터 확보가 중요합니다."

"학습데이터? 분석모델? 어려워집니다. 대리님."

"네, 우주 씨. 원래 어려워요. 인공지능이라는 것 자체가. 하하. 부담스럽게 생각하지 말고 그런 개념이 있다 정도만 알고 계시면 될 것 같아요."

"네, 알겠습니다. 딥러닝은 어떤 거예요?"

"딥러닝은 신경망을 사용해서 문제 해결을 하는 거예요. 인간의 뇌의 작동원리를 모방해서 의사결정을 하는데 딥러닝을 통해 구현하기 위해서는 시간도 오래 걸리고 투자비가 상당히 소요되는 단점이 있기도 합니다."

"아, 그렇군요. 대리님께서 쉽게 설명해서 주셔서 인공지능이 무엇인지 대해서 대략 이해할 수 있을 것 같습니다. 그런데 대리님! 이러한 인공지능은 어떤 분야에서 활용되고 있나요?"

2) 인공지능 활용 분야

7. 인공지능 활용 분야

구분	개념	활용 예시
회귀 (Regression)	경향성을 바탕으로 특정값 예측	• 경력직 채용시 연봉 예측 • 영업점 매출 예측 • 중고차 가격 시세 예측
분류 (Classification)	기준에 따라 어느 클래스에 속하는지를 제시	• 지원자의 합격 예측(합격/불합격) • 구성원의 퇴사 가능성(높음/낮음) • 특정병에 걸렸는지 예측 • 도급이 불법파견인지/준법도급인지
추천 (Recommandation)	사용자의 특성, 기호와 비슷한 것을 찾아 제시	• 업무 특성에 따른 교육과정 신청 • 유튜브 동영상 추천

"인공지능은 크게 3가지 분야에서 활용되고 있어요. 회귀Regression, 분류Classification, 추천Recommendation."

"분류는 인공지능을 활용해서 분류해 주는 것 같고 추천은 인공지능이 나에게 맞는 무엇인가를 추천해 주는 것 같은데, 회귀는 어떤 것인가요?"

"네, 맞습니다. 하나씩 설명해 드릴게요. 먼저 회귀입니다. 우주 씨, 대학 다닐 때 통계학에서 선형 회귀분석이라고 들어 보셨죠?"

"학교 다닐 때 몇 번 들어본 것 같은데요. 그런데 거기에 대한 기억이 전혀 …."

"하하. 그렇죠. 시험공부를 할 때 딱 그때뿐이죠. 회귀는 경향성을 바탕으로 특정한 값을 예측하는 것입니다. 회귀가 사용되고 있는 예를 들어보면요. 회사에서 경력직을 채용할 때 그 사람의 연봉을 예측하는

AI가 현재 기업에서 사용되고 있고요. 영업점별로 향후 매출액 예측에도 사용되고 있습니다. 또 중고차 가격 시세도 인공지능이 예측하고 있고요."

"아, 연봉, 매출액, 시세 등 주로 숫자를 예측할 때 회귀가 사용되는 거군요?"

"네, 맞아요. 다음으로 분류는 어떤 기준에 따라서 어떤 범주, 어떤 클래스에 속하는지를 제시해 주는 겁니다. 지원자가 합격할 것인지, 불합격을 할 것인지. 직원이 퇴사할 가능성이 높은지, 낮은지. 암에 걸렸는지, 걸리지 않았는지 등. 많은 분야에서 분류 인공지능이 활용되고 있어요."

"아, 대리님. 그러면 우리 팀이 하는 도급 리스크 진단은 우리가 하는 아웃소싱이 불법파견인지, 준법도급인지를 예측하는 것이니까 인공지능 활용 분야 중 분류에 해당이 되는 거겠네요?"

"우주 씨, 대단한걸요? 맞아요. 제가 DT 교육을 들었을 때 이 부분에서 영감을 받았어요. 불법파견인지, 준법도급인지. 진단 결과가 어느 범주에 속하는지를 예측해 주는 것이 분류이기 때문에 우리 팀 업무에 적용할 수 있을 것 같다는 생각이 들었거든요."

"아, 그랬군요. 알겠습니다. 대리님. 그러면 나머지 한 분야인 추천은 무엇인가요?"

"추천은 사용자의 특성, 기호와 비슷한 것을 찾아서 제시해 주는 거예요. 우주 씨, 유튜브 자주 보시잖아요. 그러면 추천 영상이 밑에 뜨죠? 그게 바로 인공지능의 추천, Recommendation이 적용된 것입니다.

업무 특성에 따른 교육과정을 추천해 주는 기술이 교육 분야에서도 활용되고 있습니다."

"네, 대리님. 인공지능의 3가지 활용 분야에 대해서는 잘 이해가 됩니다. 하하."

2. 데이터 마이닝(Data mining)

8. 데이터 마이닝(Data mining)의 개념

데이터 마이닝 (Data mining)

- 사용 가능한 모든 데이터를 기반으로 감춰진 패턴, 규칙 등을 발견하여 의사결정을 위한 정보로 활용하고자 하는 활동

소프트웨어 유형	주요 내용
텍스트 인터페이스 (Text interface)	▪ 명령어 사용 프로그램 (R, 파이썬 등) ▪ 광범위한 라이브러리, 확장성 ▪ 프로그래밍 언어학습 필수
그래픽 인터페이스 (Graphic interface)	▪ 메뉴, 위젯, 가상연결 등을 활용 (오렌지, 래피드마이너, 빅엠엘 등) ▪ 프로세스 단순화, 분석용이 ▪ 코딩, 프로그래밍 언어를 몰라도 인공지능 분석 가능

"그러면 다음으로 넘어가 볼게요. 우주 씨, 데이터 마이닝Data Mining이라고 들어보셨나요?"

"데이터 마이닝이요? 마인mine이 채굴하다라는 의미이니까 데이터를 발굴하는 그런 뜻인가요?"

"네, 비슷해요. 데이터 마이닝은 사용할 수 있는 모든 데이터를 기반으로 감춰진 패턴, 규칙 등을 발견하여 의사결정을 위한 정보를 활용하고자 하는 활동을 말해요. 크게 2가지 즉, 텍스트 기반이냐, 그래픽 기반이냐로 나뉘는데 하나씩 설명해 드릴게요. 먼저, 텍스트 인터페이스는 R이나 파이썬 등의 명령어를 사용하는 프로그램입니다. 광범위한 라이브러리를 가지고 있어서 확정성이 있다는 게 특징이에요. 그런데 프로그래밍을 위해서는 프로그램 언어 학습이 필수죠. 반면에 그래픽 인터페이스는 메뉴, 위젯, 가상 연결 등을 활용하는데요. 오렌지, 래피드마이너, 빅엠엘 등이 대표적인 소프트웨어입니다. 프로세스를 단순화하여 분석에 용이하고 코딩이나 프로그래밍 언어를 몰라도 인공지능 분석이 가능하다는 장점이 있습니다."

"그러면 대리님께서 우리 팀 업무에 적용하려고 하는 것은 텍스트 기반의 프로그램인가요? 선배님께서 컴퓨터 공학을 전공하셨기도 하고 파이썬 등과 같은 프로그래밍 언어에 대해서 잘 다루실 것 같기도 하고요."

"아니에요. 저도 코딩, 프로그래밍에 대해서 잘 몰라요. 우주 씨와 같은 수준이라고 보시면 돼요. 전문가가 아니어도 쉽게 인공지능을 활용할 수 있는 그래픽 인터페이스를 사용하려고 해요. 그중에 제가 DT 교육에서 배웠던 오렌지를 사용해 볼까 싶습니다."

3. 인공지능 도구 : 오렌지(Orange data mining)

9. 오렌지(Orange data mining)의 개요 및 주요 특징

오렌지 (Orange data mining)

- 슬로베니아 류블라냐 대학교에서 파이썬 언어로 개발한 비쥬얼 소프트웨어 인공지능 프로그래밍
- 데이터 시각화, 머신러닝, 데이터 미이닝, 데이터 분석 등을 효과적으로 수행 (무료, 오픈 소스 프로그램)
- https://orangedatamining.com

주요 특징

- 복잡한 코딩작업 없이 필요한 위젯(Widget)을 캔버스로 끌어오는 간단한 작업을 통해 원하는 작업과정을 신속히 구현
- 데이터를 직관적으로 시각화 할수 있는 도구 제공 / 빠른 데이터 분석
- 다양한 소스 및 크기의 데이터와 연결 가능
- 파이썬과 연계 용이
- 효과적인 의사결정을 적시에 내릴 수 있도록 지원

"오렌지요? 프로그램 이름이 오렌지예요?"

"네, 오렌지는 슬로베니아 류블라냐 대학교에서 파이썬이라는 프로그래밍 언어로 개발한 비쥬얼 소프트웨어 인공지능 프로그램인데요. 데이터 시각화가 쉽고 머신러닝, 데이터 마이닝, 데이터 분석 등을 효과적으로 수행해서 저나 우주 씨와 같은 비전공자들도 인공지능을 쉽게 활용하고 적용할 수 있어요. 무료이고 오픈 소스프로그램이어서 많이 활용되고 있습니다."

"오렌지의 특징이라면 어떤 게 있을까요? 대리님."

"오렌지는 복잡한 코딩작업 없이 필요한 위젯widget을 캔버스로 끌어오는 간단한 작업을 통해 원하는 작업 과정을 신속히 구현할 수 있습니다."

"위젯이요? 그게 뭐에요?"

"나중에 오렌지 프로그램을 실제 실행시켜보면 아실 텐데요. 오렌지에서 워크플로우를 구성하는 가장 기본이 되는 단위가 위젯입니다. 데이터를 읽고 처리하고 시각화하는 데 사용하는 기본 메뉴라고 보시면 되겠습니다. 또 오렌지는 데이터를 직관적으로 시각화할 수 있는 도구를 제공해 주고 빠른 데이터 분석을 해줍니다. 사용자 친화적 인터페이스를 제공해 주는 덕분에 힘든 코딩 대신 데이터 분석에 집중할 수 있게 해줘서 초보자뿐만 아니라 전문 데이터 과학자들에게도 훌륭한 데이터 마이닝 도구이기도 해요. 지금까지 오렌지의 개념과 특징에 대해서 간략히 설명해 드렸는데요. 우주 씨, 이해가 좀 되나요? 어떤가요?"

"사실 설명해 주실 때는 약간 이해가 되는 것 같기도 하는데요. 오렌지를 실제 사용해 보면 뭔가 감이 잡힐 것 같기도 합니다. 오늘 인공지능과 오렌지에 관해 설명 잘 들었습니다. 대리님. 자료 보고 다시 또 공부해 보겠습니다. 고맙습니다."

"네, 우주 씨. 열심히 들어줘서 고마워요. 자료 보내드릴 테니까 참고하시고요. 하시다가 궁금한 거 있으면 언제든지 물어봐 주세요. 다음 주에는 인공지능을 어떻게 도급 리스크 진단에 적용할 것인지에 대해서 알아볼 예정이에요. 실제로 인공지능을 어떻게 활용하는지에 대해서 알 수 있을 겁니다. 오늘 배우신 내용 한번 리뷰해 보시면 다음 주 교육을 이해하는 데 도움이 될 거예요. 오렌지도 다운받아서 한번 해 보시고요. 수고하셨습니다."

"네, 대리님. 복습도 하고 오렌지도 다운받아서 한번 해보겠습니다. 정말 수고 많으셨습니다."

인공지능의 이해

1. 주요 개념

· 인공지능(Artificial Intelligence) : 인간 수준의(과 비슷한) 똑똑한 기계
· 머신러닝(Machine Learning) : 인간 수준의 똑똑한 기계(인공지능)를 만들어 내는 성공 방법
· 딥러닝(Deep Learning) : 머신러닝보다 더 똑똑한 기계를 만들어 내는 성공 방법

2. 코딩 없이도 인공지능 데이터를 분석할 수 있다고?

1) 코딩과 인공지능 데이터 분석

· 인공지능을 이용하려면 프로그래밍이 필수
· 컴퓨터는 사람 말을 알아듣지 못하니 컴퓨터가 알아듣게끔 말을 바꿔줘야 함. 컴퓨터가 알아들을 수 있게 말해 주는 걸 '코딩'이라고 함
· 인공지능을 사용할 때는 파이썬$_{python}$이라는 프로그래밍 언어를 주로 이용함

» 10. 인공지능 데이터 분석을 위한 코딩 일부

```
F_SALES_B = (DIV_B[1]*30)/20
RATE_B = round((F_SALES_B / DIV_B[2])*100)
if RATE_B > 99:
  PERFORM_B = "A"
elif RATE_B > 94 and RATE_B < 100:
  PERFORM_B = "B"
elif RATE_B > 90 and RATE_B < 95:
  PERFORM_B = "C"
elif RATE_B > 79 and RATE_B < 90:
  PERFORM_B = "D"
else:
  PERFORM_B = "F"
DIV_B.extend([F_SALES_B, RATE_B, PERFORM_B])

F_SALES_C = (DIV_C[1]*30)/20
```

```
RATE_C = round((F_SALES_C / DIV_C[2])*100)
if RATE_C > 99:
    PERFORM_C = "A"
elif RATE_C > 94 and RATE_C < 100:
    PERFORM_C = "B"
elif RATE_C > 90 and RATE_C < 95:
    PERFORM_C = "C"
elif RATE_C > 79 and RATE_C < 90:
    PERFORM_C = "D"
else:
    PERFORM_C = "F"
DIV_C.extend([F_SALES_C, RATE_C, PERFORM_C])

F_SALES_D = (DIV_D[1]*30)/20
RATE_D = round((F_SALES_D / DIV_D[2])*100)
if RATE_D > 99:
    PERFORM_D = "A"
elif RATE_D > 94 and RATE_D < 100:
    PERFORM_D = "B"
elif RATE_D > 90 and RATE_D < 95:
    PERFORM_B = "C"
...
```

· 인공지능 데이터 분석을 하기 위해서는 상기와 같은 코딩이 필수이며 문과 출신 비개발자들, 비전문가들에게는 프로그램 언어 학습이 부담됨

2) 오렌지(Orange data mining)와 인공지능 데이터 분석

11. 오렌지 인공지능 데이터 분석 예시

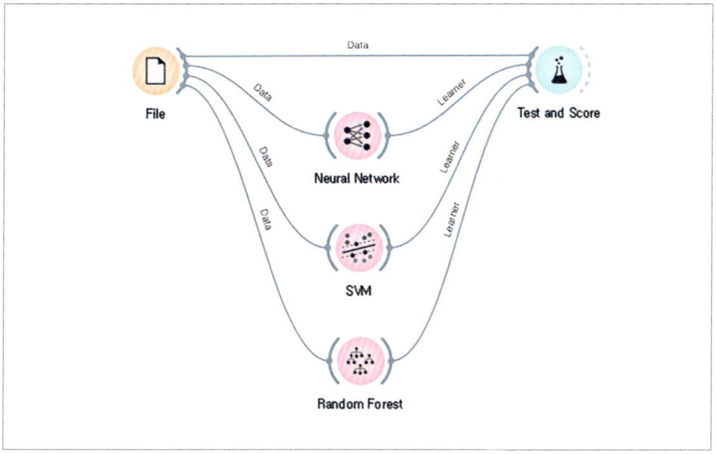

· 슬로베니아 류블랴나 대학교 컴퓨터 및 정보과학학부 생물 정보학 연구소에서 '오렌지'를 개발
· 자유 소프트웨어로 Free Software Foundation에서 발생한 GNU General Public License 조건에 따라 재배포 또는 수정할 수 있음
· 어려운 수학과 코딩 없이도 시각화를 통해 데이터를 분석할 수 있고 데이터에 기반한 다양한 모델(머신러닝, 데이터 마이닝)을 만들고 검증할 수 있음
· 오렌지를 이용하면 코딩 없이 상기와 같은 그림만 그리면 분석이 가능함

3. 오렌지 설치

· 오렌지 데이터 마이닝 홈페이지(https://orangedatamining.com)에서 다운로드

12. 오렌지(Orange data mining) 홈페이지

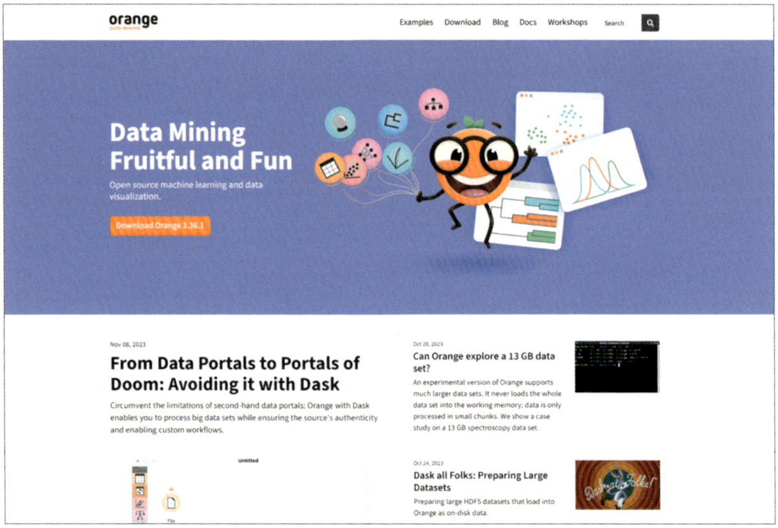

· Download Orange 버튼 클릭
· 본인의 컴퓨터 환경에 맞는 설치 파일 다운로드 (Windows, macOS, Linux / Source)

13. 오렌지(Orange data mining) 다운로드

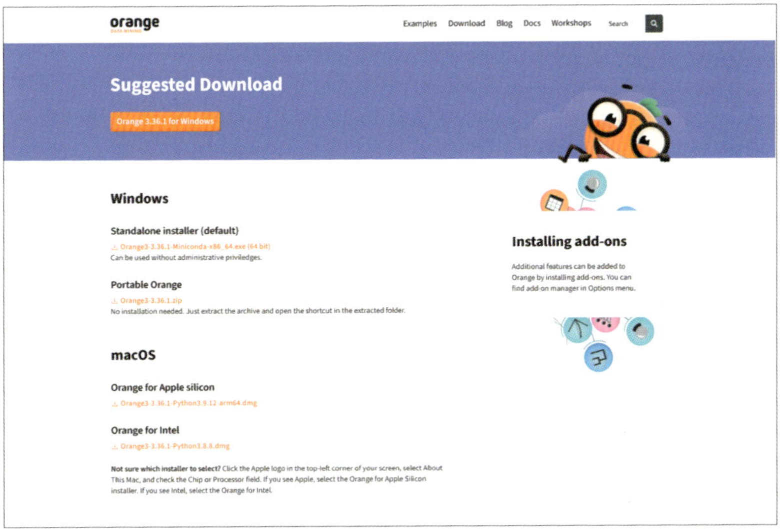

· 오렌지 다운로드가 완료되면 인공지능 준법도급 관리를 위한 준비 끝

III

인공지능을 준법도급 관리에 적용하다!

Ⅲ. 인공지능을 준법도급 관리에 적용하다!

박우주 사원은 회사와 가까운 곳에 살고 있다. 도어 투 도어Door to door로 30분 정도 걸린다. 서울에서 이렇게 가까운 거리에 살기란 쉽지 않은데 취업 준비하면서 회사를 선택하는 기준 중의 하나가 바로 출퇴근 거리였다. 워라밸Work & Life Balance은 중요하니까. 요즘 출퇴근할 때는 지하철에서 인공지능 유튜브를 보고 있다. 아무래도 인공지능을 팀 업무에 적용하는 프로젝트에 신입으로 참여하는 게 부담인 모양새이다.

"우주 씨, 오늘 오후에 시간 어때요? 인공지능 준법도급 관리 절차에 대해서 설명해 드리려고요."

"아, 김 대리님. 오후에 시간 괜찮습니다. 그러면 오늘부터 본격적으로 인공지능을 팀 업무에 어떻게 적용할 것인지에 대해 알게 되는 거네요?"

"아, 아직 그 정도까지는 아니고요. 인공지능을 어떤 절차로 도급 리스크 진단에 적용할 것인가에 대해 간략히 설명해 드릴 거예요. 점심 식사하시고 오후 2시에 회의실에 보시죠."

[오후 2시. 상생협력팀 회의실.]

박우주 사원은 사내 카페에서 아이스 아메리카노 2잔을 테이크아웃했다. 김지구 대리가 별도 시간을 내면서 설명을 해주는 게 고맙기도 하고 점심 먹고 난 이후라 졸리기도 해서 김 대리 것까지 같이 구매했다.

"커피는 우주 씨가 산 거예요? 신입사원이 무슨 돈이 있다고 이런 걸 다. 하하. 여하튼 잘 마실게요."

회의실 테이블에 놓아진 아이스 아메리카노를 보고 김지구 대리가 회의실로 들어오면서 이야기한다.

"네, 선배님. 점심 먹고 나서 회의이기도 하고 또 선배님께서 저한테 별도 시간 내시고 가르쳐 주셔서 고맙기도 하고요. 겸사겸사 선배님 좋아하시는 아이스 아메리카노 샷추가로 준비했습니다. 하하."

"고마워요. 그러면 인공지능을 도급 리스크 진단에 어떤 순서로 적용하는지 같이 한 번 알아볼까요?"

1. 인공지능 준법도급 관리 절차

14. 인공지능 준법도급 관리 절차

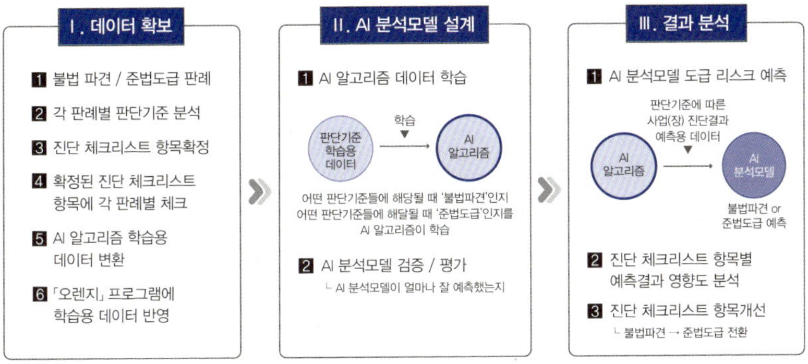

"우주 씨, 인공지능을 도급 리스크 진단에 적용하기 위해서 가장 먼저 해야 할 것은 무엇일까요?"

"음. 아마도 데이터가 필요할 것 같아요. 지난 시간에 대리님께서 머신러닝이 데이터를 통해서 학습하고 예측한다고 설명해 주셨잖아요. 그래서 AI 적용의 시작은 데이터일 것 같습니다."

1) 데이터 확보

"대단한데요? 우리 우주 씨가 AI 신입사원? 하하. 맞습니다. 가장 중요한 것은 데이터입니다. 우리가 하는 도급 리스크 진단 즉, 우리가 협력사와 하는 도급이 준법도급인지, 불법파견인지를 예측하기 위해서는 바로 판례에서 데이터를 확보해야 합니다. 이를 위해서 불법파견, 준법도급과 관련된 판례에서 어떤 판단기준으로 법원에서 불법파견 또는 준법도급으로 판결했는지 분석이 필요하고요."

"아, 그러면 대리님. 판례 전체를 분석해야 할 것 같은데 시간과 노력이 많은 필요할 것 같은데요?"

"맞습니다. 데이터가 많으면 많을수록 AI가 학습을 잘하게 되고 또 그것을 바탕으로 예측 결과의 신뢰도가 높아지기 때문에 최대한 많은 데이터를 확보해야 해요."

"그런데 대리님, 판례 확보하는 것도 쉽지 않을 것 같습니다. 한두 개도 아닐 텐데."

"제가 생각해도 이 부분이 가장 어려울 것 같아요. 판례검색 포털을 활용하면 될 것 같기도 한데. 여하튼 여기서 핵심은 최대한 많은 판례 데이터를 확보해야 한다는 것입니다."

"네, 알겠습니다. 핵심은 최대한 판례를 많이 확보해야 한다. 그러면 판례 데이터를 확보한 후에는 무엇을 해야 하나요?"

"각 판례별로 법원에서 불법파견 또는 준법도급으로 판단하게 된 판단기준이 무엇인지를 분석한 후에 AI 분석모델에 적용할 진단 체크리스트 항목을 확정해야 해요."

"판례가 한두 개도 아닐 것인데 그러면 그 판례에서 도출된 판단기준은 엄청 많겠는데요?"

"네, 지금 우리 팀이 10여 개의 진단 체크리스트 항목으로 진단하고 있는데 그보다는 더 많아질 것 같아요. 그렇다 수백 개, 수천 개 이렇게까지는 되지 않을 겁니다. 2015년 대법원[2]에서 불법파견 판단기준에 대해서 5가지 기준을 제시한 이후에는 법원에서 그 5가지 기준에 따라서 판결하고 있고 그 이전의 판례라 하더라도 그 5가지 기준에 거의 포함되거든요."

"그러면 대리님께서는 판단기준에서 도출한 진단 체크리스트 항목이 대략 몇 개 정도가 될 거라고 예상하시나요?"

"100여 개 수준이 아닐까 싶어요. 물론 아직 해보지 않아서 확정적으로 말씀드리긴 어렵지만요."

"네, 알겠습니다. 대리님. 확정한 진단 체크리스트를 오렌지 프로그램에 어떻게 적용하는지가 궁금해요. 판례분석을 해서 진단 체크리스트 항목을 도출하는 것은 저희가 해오고 있는 부분이어서 이해가 되는데 어떻게 오렌지에 적용하는지는…."

"오렌지에 적용을 위해서는 확정된 진단 체크리스트 항목을 가지고 우리가 분석한 판례별로 어떤 진단항목들에 해당하는지를 각각 체크해야 합니다. 그 데이터를 가지고 인공지능이 학습해야 하거든요."

"그러면 데이터를 어떻게 오렌지에 적용하나요? 판단기준들은 글자로 되어 있는데, 아, 인공지능이 판단기준의 글자들을 전부 읽고 분석해주는 건가요?"

"하하. 그렇진 않고요. 진단 체크리스트 항목에 따라 판례별로 체크된 데이터를 엑셀로 저장해서 반영합니다. 진단항목에 해당할 때는 1로, 해당하지 않을 때는 0으로 적게 되는 거죠."

---

2) 대법원 2015. 2. 26. 선고 2010다93707 판결

"글자로 된 것을 1과 0으로 변환하는 거네요?"

"네, 맞아요. 이렇게 1과 0으로 변환된 데이터를 엑셀로 저장해서 오렌지에 반영하게 되면 인공지능을 도급 리스크 진단에 적용하기 위한 데이터 확보가 완료됩니다."

"오렌지에서 엑셀 파일을 읽을 수 있는 건가요?"

"네, 인공지능을 적용하기 위해서는 데이터가 중요한데 그것을 가장 손쉽게 반영할 수 있는 툴Tool이 엑셀이어서 오렌지에서는 엑셀 파일을 업로드가 가능합니다."

2) AI 분석모델 설계

"그러면 다음은 어떻게 해야 하나요?"

"이제 오렌지를 공부시켜야 합니다."

"공부요? 공부시킨다고요?"

"하하. 네, 우리가 분석한 판례가 어떤 진단 체크리스트 항목들에 해당할 때 불법파견인지, 어떤 진단 체크리스트 항목들에 해당할 때 준법도급인지가 반영된 파일이 바로 AI 학습용 데이터입니다. 그 데이터를 적용해서 불법파견일 때 진단항목과 준법도급일 때 진단항목을 인공지능이 학습하게 되는 것이죠."

"아, 어렵네요."

"네, 이것은 실제로 오렌지 프로그램을 실행하면서 보시면 더 이해하기 쉬우실 거예요. 뒤에서 같이 실습하면서 설명해 드릴게요. AI 분석모델이 데이터 학습을 완료한 후에는 잘 예측했는지를 평가/검증해야 합니다. 불법파견과 준법도급을 얼마나 잘 예측했는지를 알아봐야 하겠죠? AI 분석모델의 신뢰도가 높아야지만 우리의 도급진단에 활용할 수 있을 것이니까요."

"아, 그러면 잘 예측했는지 못했는지에 대한 평가지표가 있겠네요?"

"네, 맞아요. 그 성능평가 지표도 뒤에서 같이 설명드리겠습니다."

3) 결과분석

"대리님. 그러면 AI 분석모델이 검증/평가까지 완료가 되면 그 모델로 우리 팀이 하는 도급 리스크 진단에 활용해야 할 것 같은데요, 어떻게 활용하나요?"

"판례를 분석하여 확정한 진단 체크리스트 항목을 가지고 사업장 진단을 합니다. 진단항목에 해당하면 1, 해당하지 않으면 0으로 기재합니다. 그것을 엑셀 데이터로 AI 분석모델에 적용해서 불법파견인지 준법도급인지를 예측하게 되는데요. 이렇게 1 또는 0으로 변환하는 것을 더미 변수Dummy Variable화라고 합니다. 1 또는 0만 가지는 값으로 어떤 특징이 존재하는가 하지 않는가를 표시하는 거죠. 더미 변수는 특정한 하나의 카테고리 값인가 아닌가를 나타내는 지시자Indicator가 되는 것입니다."

"아하. 앞에서 진단 체크리스 항목에 해당될 때 1로 기재하고 해당되지 않을 때는 0으로 기재하는 거죠?"

"네, 맞아요. 우주 씨."

"그럼 예측 결과가 준법도급으로 나오면 문제는 없겠지만 불법파견으로 나오게 되면 이후에 우리가 할 일은 무엇이죠?"

"우리가 현장 진단을 하는 목적은 불법파견 리스크를 낮추는 것이잖아요? 진단 체크리스트에서 부정적인 징표가 체크가 되었다면 그것을 개선해서 불법파견에서 준법도급으로 전환시킬 수가 있어요. 예를 들어서 사업장 진단 결과 진단 체크리스트 항목인 '원청직원과 협력사 직원이 유기적으로 연계해서 작업하는지'에 1로 체크가 되었다면 즉, 원청과 협력사가 연계해서 작업하고 있는 거잖아요. 불법파견으로 판단될 수 있는 부정적인 지표죠. 그것을 개선하면 0으로 체크가 되어서 불법파견이라고 예측한 결과에 긍정적인 영향을 미치게 되어 준법도급으로 예측결과를 전환시킬 수 있게 되는 겁니다."

"불법파견 예측 결과에 부정적인 영향을 주는 진단 체크리스트 항목이 개선되었기 때문인가요?"

"네, 맞아요. 그렇다면 우주 씨, 우리가 어떤 순서로 개선해야 할까요?"

"음, 아무래도 예측 결과에 영향을 많이 미치는 진단항목 순서대로 개선해야 할 것 같습니다. 영향도가 높으면 높을수록 그것이 개선되면 불법파견 리스크는 줄어들 거니까요."

"우와. 우주 씨가 완벽하게 이해를 한 것 같은데요? 맞습니다. 예측 결과에 영향도가 높은 진단항목 순서대로 개선해야 합니다. 오렌지에서는 예측 결과에 영향도가 높은 진단항목을 확인할 수 있거든요."

"우와. 그런 기능까지 있어요? 대리님, 정말 AI는 대단한 것 같아요."

"실제로 오렌지에서 어떻게 구현이 되는지는 나중에 다시 설명해 드릴게요. 여기까지가 인공지능 준법도급 관리 절차입니다. 데이터를 확보해서 AI 분석모델을 설계하고 그 분석모델을 활용해서 도급 리스크 진단 결과를 예측한 후, 예측 결과에 영향도가 높은 진단 체크리스트 항목 순서대로 개선하여 불법파견을 준법도급으로 전환까지 실행하면 완료가 됩니다. 어떻게 이해가 좀 되시나요? 우주 씨, 많이 어렵죠?"

"선배님께서 알기 쉽게 설명해 주셔서 이해가 잘 되었는데요. 혼자 보면 잘 모를 것 같습니다. 하하. 제가 좀 더 복습하면서 공부해 보겠습니다."

"쭉 한 번 보시고요. 궁금하신 거 있으시면 언제든지 물어봐 주세요. 이제부터가 AI 프로젝트의 시작입니다. 먼저 저와 우주 씨는 불법파견, 준법도급 판례를 분석해서 데이터 확보부터 시작해야 해요. 현재 하는 업무도 있으니까 길게 보고 6개월동안 데이터 확보, AI 분석모델 설계, 결과분석 시뮬레이션까지 해볼까 싶어요. 저와 같이 공부하면서 한번 해보시죠."

"네, 대리님. 알겠습니다. 6개월 동안은 AI랑 완전히 친해질 것 같습니다. 하하. 오늘 설명해 주셔서 고맙습니다. 수고하셨습니다."

[6개월 후.]

송 팀장은 요즘 축 처진 김지구 대리 뒷모습이 안쓰럽다. 요즘 현장 진단 출장도 많은데 사업부 파견/도급 실무교육까지 준비해야 해서 업무 성수기 시즌에 인공지능 프로젝트까지 시킨 것 같아서 마음이 불편하다. 지난 울산 출장 이후 프로젝트를 박우주 사원과 함께하면서 야근과 주말 출근을 제법 많이 했던 터라 미안한 마음이 크다.

"김 대리!"

"네, 팀장님."

송 팀장이 김 대리 자리에 초콜릿 하나를 놓는다. 스트레스에는 뭐니 뭐니 해도 달달한 초콜릿이 최고니까.

"요즘 현장 진단이다 사업부 직원 교육이다 바쁜데 인공지능 프로젝트까지 시켜서 미안해요. 하하. 피곤해 보이는데 초콜릿 하나 드시고 당 충전하시죠."

"네, 팀장님. 잘 먹겠습니다. 참, 팀장님, 드디어 인공지능 준법도급 관리 시뮬레이션이 완료되었습니다. 결과 보고드리려고 하는데 언제 시간 괜찮으세요?"

"아, 벌써요?"

"네, 우주 씨와 6개월 동안 하나씩 준비하면서 진행했는데 드디어 마무리가 되었습니다."

"수고 많았어요. 김 대리. 시뮬레이션해보니까 인공지능을 우리 팀 업무에 적용할 수 있겠던가요?"

"네, 전체 판례분석에는 시간이 오래 걸려서 대법원 최종심까지 나온 판례 일부를 분석한 후에 AI 분석모델로 예측해 봤는데요. 저희가 예상했던 대로 결과가 나왔습니다. 그리고 제 대학 동기가 AI 벤처회사를 운영하고 있는데 그 친구한테 자문을 받아보니까 그 친구 역시 인공지능 분석모델도 신뢰성이 있고 그 모델을 활용한 예측 역시 문제가 없다고 합니다."

"대단합니다. AI 전문가한테까지 검증받았다니. 바쁘실 텐데 언제 다 하셨어요? 시뮬레이션에 외부 검증까지."

"제가 맡은 업무이기도 하고 또 관심이 있던 분야이기도 해서요. 야근도 하고 주말에 출근하기도 했는데, 우주 씨가 많이 도와주기도 했고요. 어느 정도 마무리가 된 것 같아서 괜찮습니다."

"정말 수고 많았어요. 김 대리."

"팀장님, 사실 좀 힘들긴 했습니다. 하하. 그래도 우주 씨도 잘 따라와 줘서 그리고 제가 생각한 대로 AI 분석모델 시뮬레이션 결과가 나와서 기분은 좋습니다."

"네, 그러면 결과보고는 이번 주 금요일 오전 8시에 회의실에서 합시다."

"네, 알겠습니다. AI 분석모델까지 같이 준비해서 보고드리겠습니다."

[금요일 오전 8시. 상생협력팀 회의실.]

김지구 대리와 박우주 사원은 AI 프로젝트 최종 보고를 위해서 회의실에서 노트북을 세팅하고 있다. 김지구 대리의 머릿속에는 지난 6개월 동안 프로젝트를 진행하면서 고생했던 순간들이 주마등처럼 지나간다. 오늘로써 드디어 마무리되는 건가. 시원섭섭하기도 하나 송 팀장을 이해시킬 수 있을지, 또 그 결과에 대한 지지를 구할 수 있을지가 걱정이다.

"김 대리, 인공지능 준법도급 관리라는 상상도 못했던 일이 드디어 오늘 실현되는 건가요?"

송 팀장이 회의실로 들어오면서 김지구 대리에게 묻는다.

"하하. 팀장님. 그런 거창한 타이틀은 좀 부담스럽습니다. 인공지능을 우리 팀이 하는 업무에 활용했다 딱 그 정도입니다."

"그 자체가 대단한 거예요. 누구도 시도해 보지 않았던 특히 이 업무가 법적인 부분이 고려되어야 하는데 법률 분야에서 인공지능이 도입된 것을 국내에서는 아직 못 본 것 같은데요?"

"아, 팀장님. 저는 그런 것에 의미를 두고 있지 않습니다. 우리 팀 업무가 더욱더 효율적으로 할 수 있지 않을까라는 순순한 생각에서 시작한 거니까요."

"너무 겸손하신데요? 하하. 알겠습니다. 김 대리. 그러면 시작합시다."

"네, 팀장님. 인공지능 준법도급 관리 절차대로 데이터 확보, AI 분석 모델 설계, 결과분석 순으로 보고드리겠습니다."

2. 데이터 확보

1) 불법파견 / 준법도급 판례

"인공지능을 활용한 준법도급 관리의 첫 번째 절차는 바로 데이터 확보입니다. 불법파견과 준법도급과 관련된 판례를 확보하여야 합니다."

"그런 판례들은 너무 많을 것인데 전체 다 확보했나요?"

"팀장님, 아닙니다. 1심 하급심부터 대법 최종심까지 전체를 보면 수백, 수천 개의 판례가 될 것이기 때문에 우선 시뮬레이션 차원에서 대법 최종심까지 최종 판결이 된 40여 개와 판례별 하급심까지 포함해서 약 120개의 판례를 확보했습니다."

"어떻게요?"

"우주 씨와 함께 판례검색 포털에서 찾았습니다. 검색어는 관련 소송사건명에 포함될 수 있는 단어를 사용했습니다. 근로자지위확인, 종업원지위확인, 근로, 고용의사표시. 이 4개의 키워드로 검색한 결과 2007년부터 2023년까지 총 120여 개의 판례를 확보하였습니다. 불법파견 판례가 80여 개, 준법도급 판례가 40여 개이고 대법 판례가 40여 개, 하급심 판례가 80여 개입니다."

"불법파견 판례가 준법도급보다 2배 정도 더 많네요. 아무래도 불법파견 사례가 더 많으니까."

"네, 맞습니다. 팀장님."

2) 각 판례별 판단기준 분석

"그러면 김 대리, 가장 궁금한 게, 우리가 현장 진단을 나가게 되면 진단 체크리스트가 필요하잖아요. 인공지능을 적용하면 그것은 어떻게 만들어지나요?"

"네, 팀장님. 확보한 판례로부터 판결 이유를 분석한 후, 체크리스트를 만드는데요. 판례 하나를 예시로 들어서 설명해 드리겠습니다."

15. 각 판례별 판단기준 분석 예시

[대법원 2022. 7. 28. 선고 2016다40439 판결문 중 일부]

가) 전산관리시스템을 통하여 피고의 제품 생산과정과 조업체계가 관리되는 방식이 정착된 이후 피고는 크레인을 이용한 작업의 구체적인 내용, 즉 운송대상과 운송순서, 운송지점 등을 전산관리시스템을 활용하여 결정하였다. 피고가 이 사건 협력업체들에 맡길 업무의 범위와 내용을 단순히 전달하였다고 보기는 어렵다. ❶원고들은 전산관리시스템을 통해 전달된 작업대상 및 작업순서에 따라 크레인 운전업무를 수행하였다. 원고들에게 전달된 작업 정보는 사실상 구속력 있는 업무상 지시로 가능하다고 봄이 타당하다. 이 사건 각 협력업체나 원고들이 작업순서를 일부 변경하거나 작업시간을 조정할 수 있었다고 하더라도 달리 보기 어렵다.

나) ❷크레인 운전을 통해 코일을 운반하는 업무는 압연공정 자체에 필수적으로 수반될 수밖에 없고, 양자는 기능적인 측면에서 분리되기 어렵다. ❸크레인 운전 업무의 작업성과는 전체 압연제품 생산 공정의 소요시간과 작업결과에 영향을 미친다. 크레인 운전업무를 수행한 원고들은 피고의 사업에 실질적으로 편입되었다고 봄이 타당하다.

다) ❹피고는 이 사건 각 협력업체가 수행할 업무, 크레인 운전에 필요한 인

원수, 크레인 운전 작업자가 수행하는 작업량을 실질적으로 결정하였다. 피고는 천장크레인 운전업무에 관하여 이 사건 협력업체들 소속 근로자들이 탑승할 크레인과 무인화로 운영할 크레인 등을 정하였고, 피고가 제시하여 협력작업계약의 내용에 포함된 작업사양서에는 작업별로 투입될 직무별 인원 등을 정하였다.

라) 피고가 이 사건 각 협력업체에 지급하는 대가는 작업성과나 작업물량에 따라 산정되는 것이 아니라, 직무별 투입인원수를 예상하여 그 근무시간에 따라 결정되었다. ❺원고들이 수행한 크레인 작업의 구체적인 내용은 작업표준에 따라 단순·반복적으로 행해지는 것으로서, 고도의 전문성과 기술성이 필요한 것으로 보기 어렵다.

마) 이 사건 ❻각 협력업체는 대부분의 매출을 피고와의 거래에 의존하고 있고, 원고들의 ❼크레인 운전 업무를 수행하기 위해 가장 중요한 설비인 천장크레인과 코일 등 운반 업무 수행에 필수적으로 사용된 전산관리시스템은 모두 피고가 소유하고 실질적으로 관리하였다. 이 사건 각 협력업체는 전문화나 작업능률 향상을 통해 사업영역을 개척하거나 추가적인 이윤 획득의 기회를 얻는 등 독자적인 사업주로서의 실체가 미미한 것으로 보인다.

"보시는 판례는 22년 대법원에서 나온 그 유명한 P사 최종심 판결문입니다. 판결문에 보시면 왜 판결을 불법파견으로 했는지 아니면 준법도급으로 했는지에 대한 판결 이유가 설시되어 있습니다. 이런 판결 이유에서 진단 체크리스트 항목을 도출하게 됩니다."

"판결 이유에서 진단 체크리스트 항목을 도출한다?"

"네, 팀장님. 판결문에서 ①을 보시면 '원고들은 즉, 협력사 직원들은 전산 관리시스템을 통해 전달된 작업 대상 및 작업순서에 따라 크레인 운전 업무를 수행하였다. 협력사 직원들에게 전달된 작업 정보는 사실상 구속력 있는 업무상 지시로 기능한다고 봄이 타당하다.'라고 설시되어 있습니다. ①번 판결 이유에서 진단 체크리스트 항목은 '원청이 전산 관리시스템$_{MES}$을 통하여 작업의 구체적인 내용(대상, 순서, 지점)을 결정한 후, 협력사 직원에게 전달, 그 내용에 따라 작업하였는지.'라고 도출하게 됩니다."

16. 진단 체크리스트 항목 판례별 체크 예시

판결 이유	진단 체크리스트 항목	대법원 2016다0439
❶	원청이 전산관리시스템(MES)을 통하여 작업의 구체적인 내용(대상, 순서, 지점)을 결정한 한 후 협력사 직원에게 전달, 그 내용에 따라 작업하였는지	1 (Yes)
❷	협력사 직원이 원청 직원들의 전후에 배치되어 유기적인 일체로 작업하였느지 (작업 단계 접속, 연계, 혼재, 같은 조, 협력, 공동, 지원, 기능적 밀접 등)	1 (Yes)
❸	협력사 업무가 정지, 지연될 경우 원청의 업무 전반에 즉각적이고 결정적인 영향을 미치는지	1 (Yes)
❹	협력사는 공정에 투입될 근로자 수, 일일 작업량, 작업시간, 작업방법, 작업순서, 작업내용, 작업속도, 작업장소를 임의를 변경할 수 없는지(원청결정)	1 (Yes)
❺	협력사 직원의 업무는 원청이 작성/교부한 작업지시표 등에 맞춰 동일한 작업을 단순/반복하는 것인지	1 (Yes)
❻	협력사는 타사 매출이 없는지(원청만을 상대로 사업을 영위하는지, 제3자 재하도급 불가, 겸업불가)	1 (Yes)
❼	협력사가 사용하는 설비, 기계, 비품들을 원청으로부터 무상으로 제공되는지, 원청이 실질적으로 관리하는지(원청소유)	1 (Yes)

"판결문에서의 판결 이유와 진단 체크리스트 항목은 같은 의미이긴 하지만 명확하게 단어, 조사 하나하나까지는 같은 게 아니네요?"

"네, 맞습니다. 팀장님. 하나의 판례 판결문에서 진단 체크리스트 항목을 도출한 게 아니라 120여 개의 판례에서 도출하다 보니까 단어 하나하나가 아닌 유사한 의미가 있는 판결 이유는 하나로 그룹화되어 하나의 진단 체크리스트 항목으로 반영되는 것입니다."

"그러면 판결 이유 ②는 P사 대법 판결문에서 크레인 운전은 협력사 직원이 했던 업무이고 압연공정은 P사의 정규직 직원이 한 업무인데 기능적인 측면에서 분리가 되기 어렵다라고 판시되어 있어요. 그리고 그것이 진단 체크리스트 항목인 원청직원과 협력사 직원이 유기적인 일체로 작업하였는지에 해당하기 때문에 1로 체크된 것이고요. 나머지 ③부터 ⑦까지도 동일한 로직으로 도출되었을 것이고. 제가 이해한 게 맞나요?"

"네, 팀장님. 정확하게 이해하셨습니다."

"아, 그렇다면 분석한 판례에서 도출된 판결 이유를 비슷한 것끼리 그룹화하는 작업이 가장 중요하겠네요."

"네, 그래서 이 작업에서 시간이 많이 걸렸습니다."

"요즘 인공지능 기술 중에 판결문 같은 텍스트도 데이터화시켜주는 기술이 있다고 들은 것 같은데. 그것을 활용하면 시간을 줄일 수도 있고 또 아무리 우리가 꼼꼼히 분석하고 도출해서 분류한다고 해도 놓치거나 빠지는 부분이 있을 것 같은데, 인공지능이 그런 부분을 커버한다면 완성도가 높아질 것 같기도 하고요."

"네, 텍스트 마이닝Text mining이라고 팀장님께서 말씀하신 대로 텍스트를 인공지능으로 데이터화하는 기술이 있습니다. 그런데 그 부분은 AI 전문가만이 할 수 있는 영역이어서 금번 시뮬레이션에서는 반영하지 않았습니다. 제가 컴공 출신이지만 AI 전문가는 아니어서요."

"하하. 알겠습니다. 김 대리. 다음은 어떻게 되나요?"

3) 진단 체크리스트 항목 확정

"판례별 판결 이유에서 판단기준을 도출하면 그것이 진단 체크리스트 항목이 됩니다. 이런 방법으로 120여 개 판례를 분석하고 도출한 결과, 최종 100개의 진단 체크리스트 항목이 추려졌습니다."

"진단 체크리스트 100개 항목은 대법원의 불법파견 5가지 판단기준별로 구분되죠?"

"네, 업무상 상당한 지휘명령 여부는 27개, 원청 등 도급인의 사업에의 실질적 편입 여부는 17개, 인사노무 관련 결정, 관리 권한 행사 여부는 21개, 계약목적의 확정, 업무의 구별, 전문성/기술성 보유 여부는 24개, 계약목적 달성을 위해 필요한 조직, 설비 보유 여부는 11개로 구분됩니다."

17. 대법원 불법파견 판단기준별 진단 체크리스트 항목

대법원 판단기준	세부 기준	진단 체크리스트 항목 수
1. 업무상 상당한 지휘명령 여부	원청의 직접 작업지시	20
	원청의 작업 방법 등 결정	3
	원청의 작업 배치권 행사	2
	원청의 작업량 결정	2
	1 소계	27
2. 원청 등 도급인의 사업에의 실질적 편입 여부	하나의 작업집단	12
	원청의 필수/상시업무 도급	3
	원청 결원 발생 시 대체	2
	2 소계	17
3. 인사노무 관련 결정, 관리 권한 행사 여부	원청의 인사권 행사	15
	협력사 작업/휴게시간 결정	2
	협력사 직원 교육훈련	4
	3 소계	21

대법원 판단기준	세부 기준	진단 체크리스트 항목 수
4. 계약목적의 확정, 업무의 구별, 전문성/기술성 보유 여부	계약 업무 外 업무수행	5
	원청직원과 업무구별	3
	계약목적의 확정	6
	전문성/기술성 여부	9
	협력사 직원 업무 등 확정 여부	1
	4 소계	24
5. 계약목적 달성을 위해 필요한 조직, 설비 보유 여부	독립적 조직/설비 보유	4
	당사자 적격성	7
	5 소계	11
진단 체크리스트 항목 합계		100

"그렇군요. 알겠습니다. 그다음은요?"

4) 확정된 진단 체크리스트 항목에 각 판례별 체크

"다음은 확정된 진단 체크리스트 항목에 각 판례별로 체크해야 합니다. 이것이 바로 AI 분석모델을 학습시키는 데이터가 됩니다. 120여 개의 판례가 어떤 진단항목들에 해당할 때 불법파견인지, 어떤 진단항목들에 해당할 때 준법도급인지가 데이터에 반영되는 것이죠."

"아, 예를 들어 진단 체크리스트 항목 1번인 '원청이 협력사 직원들이 제공하는 노무 과정에 관하여 직접적이고 구체적인 지휘/감독을 하는지'라는 항목이 분석한 120여 개의 판례별로 각각 판결 이유로 언급되었으면 체크하고 언급되지 않았으면 체크를 하지 않는 거네요?"

"네, 맞습니다. 팀장님. 정확하게 이해하셨습니다. 판결 이유로 언급되었을 때는 1로 표시하고 언급되지 않았을 때는 0으로 표시하게 됩니다."

"1과 0으로 기재를 한 이유가 있나요?"

"텍스트를 인공지능이 읽지 못하기 때문에 1과 0으로 기재했습니다. 이런 것을 더미 변수dummy variable화라고 하는데요. 1 또는 0만 가지는 값으로 어떤 특징이 존재하는가 하지 않는가를 표시하는 겁니다. 더미 변수는 특정한 하나의 카테고리 값인가 아닌가를 나타내는 지시자indicator가 되는 것입니다."

"아, 1은 진단 체크리스트 항목에 해당할 때, 0은 해당하지 않을 때."

"네, 맞습니다. 팀장님. 또 신속한 시뮬레이션 결과 도출을 위해서 120여 개 전체 판례를 각각의 데이터로 만들지 않았고 1심부터 3심까지를 1개 데이터로 만들었습니다."

"아, 대법 판결이 난 판례의 1심부터 3심까지 판단기준을 1개 데이터에 반영했다는 거죠?"

"네, 그래서 데이터는 대법 최종심 판례 개수인 43개가 됩니다."

"그렇군요. 알겠습니다."

18. 확정된 진단 체크리스트 항목에 각 판례별 체크

항목 (판단기준 갯수)	진단 체크리스트 항목		판례1	판례2	…	판례42	판례43
업무상 상당한 지휘 · 명령 여부(27)	1	원청이 협력사 직원들이 제공하는 노무과정에 관하여 직접적이고 구체적인 지휘/감독을 행하는지 (SNS, 공문, 전화, 문자, 구두, 메신저, 간담회 등)	0	0	…	0	0
	2	원청직원이 협력사 직원에게 작업오류에 대해서 즉각적으로 수정을 지시하는지	1	0	…	0	0
	3	원청이 전산관리시스템(MES)을 통하여 작업의 구체적인 내용(대상, 순서, 지점 등)을 결정 한 후 협력사 직원에게 전달, 그 내용에 따라 작업하는지	0	0	…	0	0
	…	…	…	…	…	…	…
원청 등 도급인의 사업에의 실질적 편입 여부 (17)	28	협력사 직원이 원청 직원들의 전후에 배치되어 유기적인 일체로 작업하였는지(작업단계 접속, 연계, 혼재, 같은 조, 협력, 공동, 지원, 기능적 밀접 등)	1	0	…	0	0
	29	협력사 업무가 정지, 지연될 경우 원청의 업무 전반에 즉각적이고 결정적인 영향을 미치는지	1	0	…	0	0
	…	…	…	…	…	…	…
인사노무 관련 결정 · 관리 권한 행사 여부(21)	45	원청이 협력사 직원 근태관리를 하는지	0	0	…	0	0
	…	…	…	…	…	…	…
계약 목적의 확정, 업무구별, 전문성 · 기술성 보유여부(24)	66	협력사 직원이 도급계약에 명시되지 않은 작업을 수행하는지	1	1	…	0	0
	67	원청과 협력사가 협의한 작업도 도급계약서상 작업범위에 포함되었는지, 도급업무와 유관한 업무인지	0	0	…	0	0
	…	…	…	…	…	…	…
계약목적 달성을 위해 필요한 기업의 조직, 설비 보유 여부(11)	90	협력사가 사용하는 설비, 기계, 비품 등은 원청으로부터 무상으로 제공되는지	1	1	…	0	0
	…	…	…	…	…	…	…
	100	협력사 직원들은 원청직원 노조와 별도의 노조를 결성하여 협력업체와 단체협약을 체결하는지	0	0	…	0	0
판결			불법 파견	불법 파견	…	준법 도급	준법 도급

5) AI 알고리즘 학습용 데이터 변환

"김 대리, 이렇게 진단 체크리스트 항목에 분석한 판례별로 체크한 것까지는 이해했습니다. 그다음 절차는 무엇인가요?"

"이제 판례별로 체크된 진단 체크리스트 항목을 AI에게 학습시켜야 합니다. 왜냐하면 그것을 기반으로 AI 분석모델이 예측을 할 수 있기 때문입니다. 인공지능 학습을 위해서는 확정된 진단 체크리스트 항목에 각 판례별로 체크한 것을 학습용 데이터로 변환을 해야 합니다."

"학습용 데이터로 변환을 한다고요?"

"네, 진단 체크리스트 항목 1번부터 100까지 어떤 항목들에 해당하고 해당하지 않을 때 불법파견인지, 준법도급인지를 학습해야 하는데 AI 분석모델이 데이터를 읽을 수 있도록 엑셀로 변환을 하는 것입니다."

"AI 분석모델이 엑셀을 읽을 수 있나요?"

"네, 오렌지 프로그램에서 엑셀로 AI 분석모델에 업로드가 가능합니다. 엑셀로 학습용 데이터로 변환한 파일을 보시면 이해가 되실 겁니다."

19. AI 알고리즘 학습용 데이터(Excel)로 변환

NO	판결	진단항목1	진단항목2	진단항목3	진단항목4	진단항목5	…	진단항목 99	진단항목 100
1	불법파견	0	1	0	0	0	…	0	0
2	불법파견	0	0	0	0	0	…	0	0
3	불법파견	0	0	1	0	0	…	0	0
4	불법파견	1	0	1	0	0	…	0	0
5	불법파견	1	1	0	0	0	…	0	0
6	불법파견	0	0	0	0	0	…	0	0
7	불법파견	1	0	0	0	0	…	0	0
8	불법파견	0	0	0	0	0	…	0	0
9	불법파견	0	1	0	0	0	…	0	0
10	불법파견	1	0	0	0	0	…	0	0
…	…	…	…	…	…	…	…	…	…
41	준법도급	0	0	0	0	0	…	0	0
42	준법도급	0	0	0	0	0	…	0	0
43	준법도급	0	0	0	0	0	…	0	0

"아, 진단 체크리스트 항목을 1번부터 100번까지를 '열'로 놓고 대법 최종심 판결 43개를 '행'으로 놓고 판례별로 각 진단항목에 해당하였을 때는 1로 해당하지 않았을 때는 0으로 표시한 거네요. 그리고 각 판례의 결과도 반영했고요."

"네, 이렇게 학습용 데이터로 변환이 되면 오렌지 프로그램에서 AI 분석모델을 학습시킬 준비가 완료된 것입니다."

6) 오렌지 프로그램에 학습용 데이터 반영

"그러면 김 대리, 이 학습용 데이터를 어떻게 오렌지에 반영하는 건가요?"

"네, 이제부터 오렌지를 실행하면서 설명드리겠습니다. 오렌지 프로그램을 다운받으면 바탕화면에 바로가기 아이콘이 생성됩니다. 이것을 더블클릭하면 오렌지 프로그램이 실행됩니다."

20. 오렌지 프로그램 실행

"실행한 후에 New를 클릭(①)합니다. 새로운 파일을 실행한다는 의미이고요. 이렇게 하면 오렌지 프로그램 실행 준비가 완료됩니다."

21. New 선택

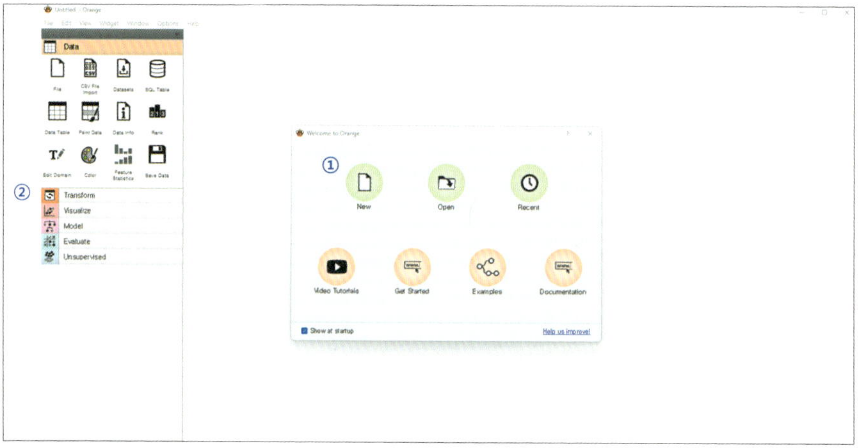

"오렌지 좌측 메뉴바(②)[3]에는 Data, Transform, Visualize, Model, Evaluate, Unsupervised가 있는데요. 각 카테고리별 주요 기능은 다음과 같습니다."

3) 오렌지 3.36. 버전 기준

22. 오렌지 카테고리별 주요 기능

카테고리	주요 기능
Data	데이터 처리 및 취급
Transform	데이터 변환
Visualize	데이터 시각화
Model	예측 모델
Evaluate	분류와 회귀모델 성능평가
Unsupervised	비지도 학습

"학습용 데이터를 불러오기 위해서는 Data 카테고리에서 File 위젯을 드래그하여 우측 캔버스로 가지고 와야 합니다."

"캔버스는 무엇인가요?"

"네, 팀장님. 캔버스는 오렌지 프로그램 작업판이라고 생각하시면 됩니다. 각종 위젯을 카테고리 메뉴바에서 드래그해서 가지고 온 후에 위젯끼리 연결해서 작업이 이루어지는 곳입니다."

"작업창인거네요."

23. File 위젯

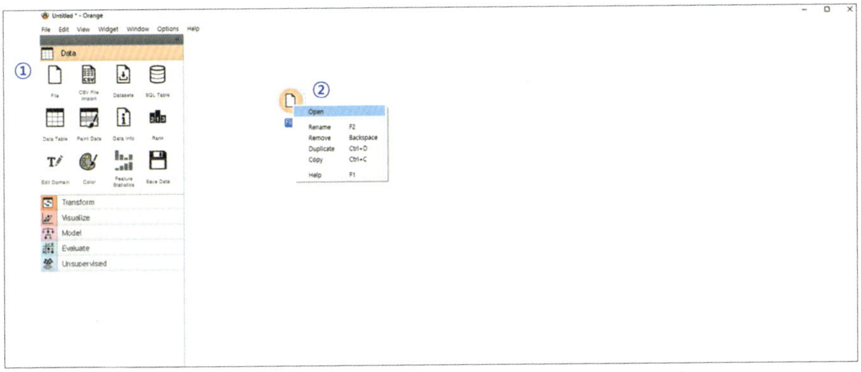

"네, 팀장님. 맞습니다. 오렌지에 학습용 데이터를 반영시키기 위해서는 Data열에서 File 위젯을 드래그하여 캔버스로 이동(①)시킨 후 File 위젯에 마우스를 놓고 오른쪽 버튼을 클릭한 후에 open을 클릭(②)합니다.

24. File 위젯에 학습용 데이터 반영

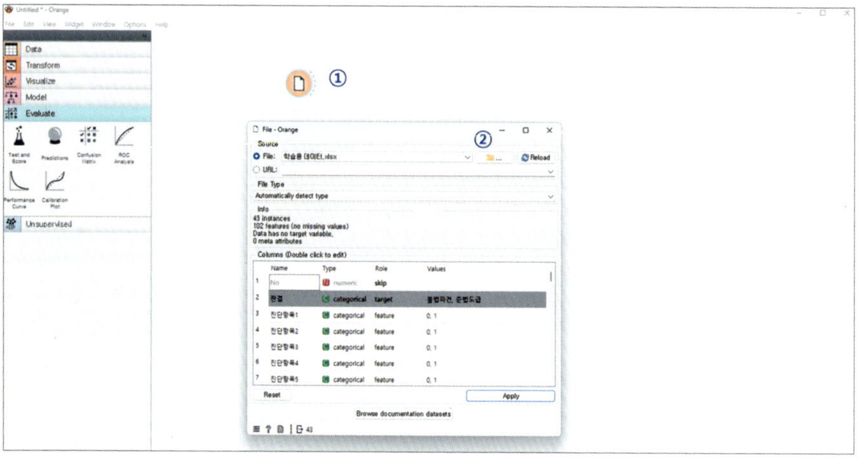

"Source에서 학습용 데이터를 PC 내 폴더에서 찾아 선택(②)하게 되면 File 위젯에 학습용 데이터가 업로드됩니다."

"No는 단순히 판례 개수를 의미하므로 AI 분석에는 필요없기 때문에 Role을 skip으로 선택하여 제외합니다. 판결이 AI 분석모델을 통해 예측 결과로 불법파견 또는 준법도급으로 나오므로 Values(값)는 불법파견과 준법도급으로 표시가 됩니다. 그리고 예측 결과가 우리가 AI 분석모델을 통해 구하고자 하는 목표이므로 Role을 Target으로 설정하고요. 각 진단 체크리스트 항목이 1과 0으로 구분되므로 범주형 categorical으로 인식하게 됩니다."

"아, 이렇게 되면 학습용 데이터가 오렌지에 반영이 되는 거네요. 이해했습니다."

25. Data Table 위젯을 통한 학습용 데이터 반영 여부 확인

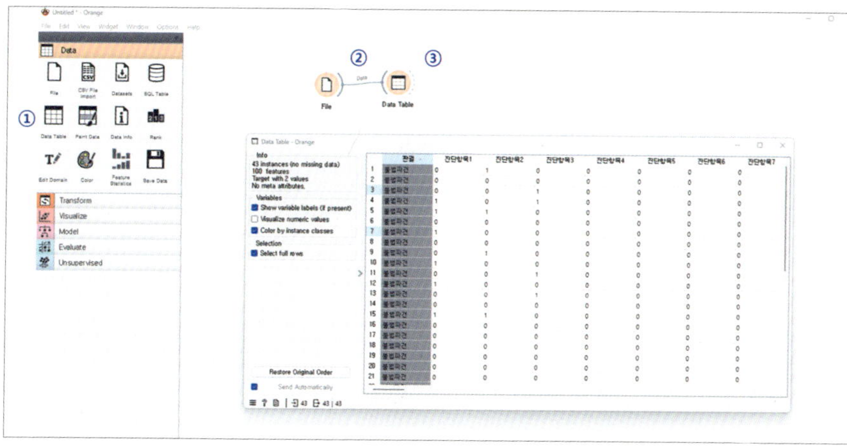

"네, 팀장님. 오렌지에는 File 위젯에 학습용 데이터가 잘 반영이 되어 있는지를 확인할 수 있는 기능이 있습니다. Data 카테고리에 있는 Data Table 위젯을 캔버스로 드래그(①)한 후에 File 위젯과 연결(②)하고 Data Table 위젯을 더블클릭(③)하면 확인할 수 있습니다."

"엑셀로 작성한 학습용 데이터가 잘 반영이 되어 있네요."

"네, 팀장님."

"그런데 김 대리. 나중에 되면 위젯이 캔버스에 많아지게 되면 위젯의 이름이 file로 되어 있으면 헷갈릴 수 있겠는데 혹시 위젯 이름을 설정할 수도 있는가요?"

26. 위젯명 설정

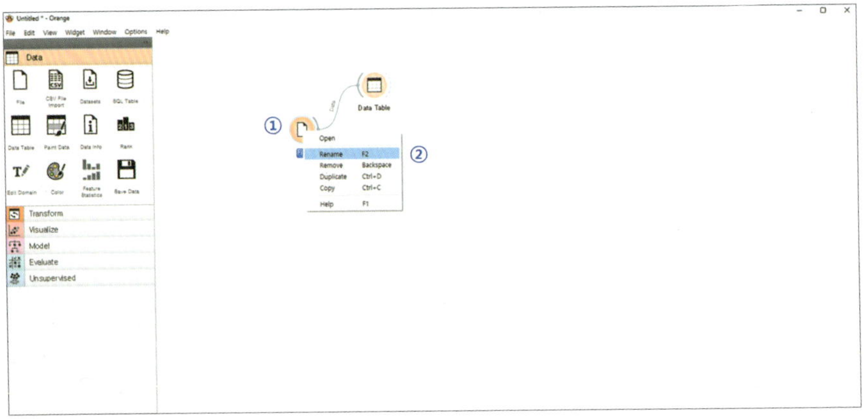

"네, 가능합니다. 위젯을 마우스 우측 버튼으로 클릭(①)한 후에 'Rename'을 클릭(②)하면 위젯 명을 설정할 수 있습니다. 한글로도 가능하고요. 이 위젯명을 '학습용 데이터'라고 반영하겠습니다."

"아, 그렇군요. 알겠습니다. 이렇게 되면 오렌지에 학습용 데이터가 반영이 완료되는 거네요."

"네, 팀장님. 이렇게 되면 데이터 확보 단계는 완료가 되며 다음은 AI 분석모델 설계 단계로 넘어가겠습니다."

3. AI 분석모델 설계

1) AI 알고리즘 데이터 학습

"오렌지라는 AI 프로그램을 처음 봤는데 우리가 보통 사용하는 엑셀로 데이터를 업로드해서 반영되는 것을 보니까 좀 신기하기도 하네요.

자, 그러면 이렇게 오렌지에 학습용 데이터가 반영이 완료되면 그 다음은 무엇을 해야 하나요?"

"다음으로는 AI 알고리즘이 어떤 진단 체크리스트 항목들에 해당할 때 불법파견인지, 준법도급인지를 판단할 수 있게 학습용 데이터로 학습시켜야 합니다."

"잠시만요, 김 대리. 알고리즘이라고요? 알고리즘?"

"아, 알고리즘은 주어진 문제를 논리적으로 해결하기 위해 입력된 자료를 바탕으로 원하는 출력을 유도하여 내는 규칙의 집합인데요. 전통적 알고리즘은 사람이 데이터에서 규칙을 찾아 직접 프로그램을 작성하고 정답을 찾고 가설을 검증하였다면 인공지능 알고리즘은 데이터로부터 스스로 규칙을 도출하여 정답을 제시하고 미래를 예측한다는 점에서 차이가 있습니다."

가만히 설명을 듣고 있던 박우주 사원이 무릎을 '탁' 치면서 김 대리에게 질문한다.

"아, 그러면 대리님. AI 알고리즘이 학습용 데이터에서 어떤 진단 체크리스트 항목에 해당할 때 불법파견 또는 준법도급이 되는지에 대한 규칙이나 패턴을 찾는 학습을 한다는 거네요?"

"네, 맞아요. 우주 씨. 정확하게 이해하셨어요."

"네, 대리님. 이제 뭔가가 손에 잡히는 듯한 느낌이에요. 사실 6개월 동안 프로젝트 하면서 이해를 정확히 못 했는데 이제 뭔가 연결이 되는, 퍼즐이 맞춰지는 그런 느낌이랄까요? 확실히 손에 잡힙니다. 이제는. 하하."

"다행입니다. 우주 씨. 하하. 그럼, 김 대리. 알고리즘에는 어떤 것들이 있는가요?"

27. 주요 알고리즘

구분	개 념	오렌지 모델
전통적 알고리즘	통계학 기법을 바탕으로 개발	선형 리그레션, 로지스틱 리그레션, 나이브 베이즈
머신러닝 알고리즘	학습을 통해 알고리즘 스스로 패턴/규칙 발견 후, 예측	서포트 백터 머신, 의사결정 트리, kNN
앙상블 알고리즘	여러 알고리즘을 결합하여 결과제공	랜덤 포레스트, 에이다부스트, 그래디언트 부스팅
딥러닝 알고리즘	인간의 뇌 구조와 기능에서 영감을 받은 알고리즘	SGD, Neural Network

"네, 팀장님. 알고리즘은 크게 4개로 나눌 수 있습니다. 전통적 알고리즘, 머신러닝 알고리즘, 앙상블 알고리즘, 딥러닝 알고리즘. 먼저, 전통적 알고리즘은 통계학 기법을 바탕으로 개발된 것입니다. 우리가 사용할 오렌지 프로그램에는 선형 리그레션, 로지스틱 리그레션 등의 모델이 있습니다. 머신러닝 알고리즘은 학습을 통해 알고리즘 스스로가 규칙 또는 패턴을 발견한 후 예측하는 것이고 서포트 벡터 머신, 의사결정트리 등의 모델이 있고요. 앙상블 알고리즘은 여러 알고리즘을 결합하여 결과를 제공하고 딥러닝 알고리즘은 인간의 뇌 구조와 기능에서 영감을 받은 알고리즘이라고 이해하시면 되겠습니다."

"대리님, 알고리즘은 많이 어렵네요."

"네, 우주 씨. 간단하게 설명해 드릴게요. 그런데 이런 알고리즘의 하나하나의 모델에 대해서는 정확히 전부 이해하실 필요는 없습니다. 왜냐하면 이런 모델이 있다 정도만 알고 계시면 되고 오렌지가 알아서 스스로 그 모델로 분석하기 때문입니다. 물론 결과에 대한 분석은 저희 몫이긴 하지만요. 알고리즘 하나하나에 대해서 구체적으로 잘 알아야 한다는 부담을 느낄 필요는 없다는 점 설명 전에 다시 한번 말씀드리겠습니다."

"네, 대리님. 부담 없이 설명 듣겠습니다. 하하."

(1) 전통적 알고리즘

"전통적 알고리즘입니다. 먼저 오렌지 프로그램의 전통적 알고리즘 주요 모델 3가지를 소개해 드릴게요. 먼저 선형 리그레션은 목표변수와 이에 영향을 미치는 설명 변수 간의 관계를 모델링하는 것으로 회귀Regression 분야에서 사용할 수 있는 기본적인 알고리즘입니다."

"아, 그러면 김 대리. 통계학 시간에 배웠던 기억이 나는데, 회귀분석 그거 말하는 건가요?"

"네, 팀장님. 맞습니다. 선형 예측함수를 사용해서 변수 간의 상관관계를 분석하는 모델입니다."

"김 대리, 이 알고리즘으로는 우리가 도급 리스크 진단결과로 불법파견인지 준법도급인지 예측을 하기가 조금 어려울 것 같은데요?"

"네, 맞습니다. 팀장님. 선형 리그레션은 주로 정량적인 숫자를 예측하는데 활용되어서 우리가 활용하기에는 다소 어려움이 있습니다."

"아, 그렇군요. 알겠습니다."

» 28. 선형 리그레션 (Linear Regression)

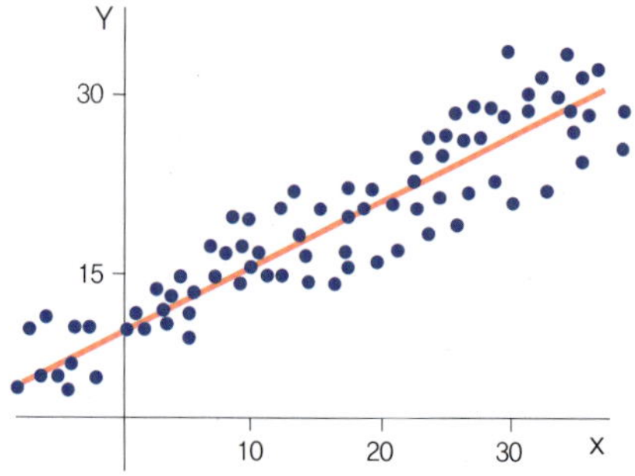

"다음은 로지스틱 리그레션입니다. 목표변수가 Yes 또는 No, 0 또는 1의 이항값을 가지는 이항형 문제에서 사용하는 예측기법입니다. 주로 분류Classification 분야에서 사용됩니다."

"바로 이거네요. 우리가 불법파견인지 준법도급인지 예측할 때 사용할 수 있는 AI 알고리즘이."

"네, 팀장님, 로지스틱 리그레션을 사용해서 사업장 도급 리스크 진단 결과가 불법파견인지 준법도급인지를 예측할 수 있습니다."

» 29. 로지스틱 리그레션 (Logistic Regression)

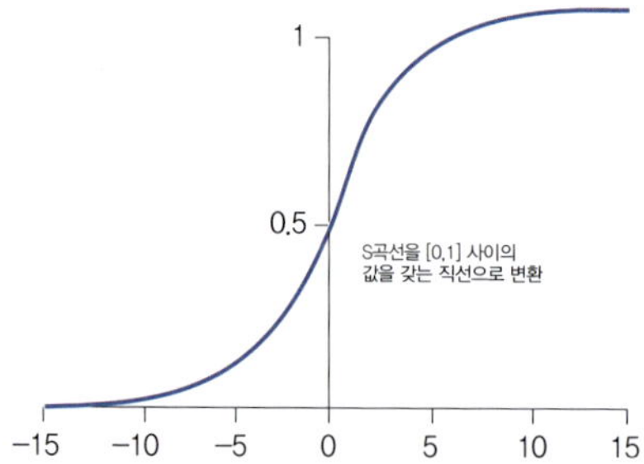

"마지막으로 나이브 베이즈 모델이 있습니다. 베이즈 정리Bayes' Theorem를 이용해서 데이터를 분류하는데요. 사전 확률을 바탕으로 사후 확률을 구하는 방법입니다. 불확실한 상황에서 의사결정 문제를 수학적으로 다룰 때 이용되는 정리입니다."

"아, 수학 공식처럼 들리는데요? 인공지능을 도급 리스크 진단에 적용하는데 수학까지 알아야 한다는 거?"

"아닙니다. 팀장님. AI 알고리즘 모델 중의 하나가 나이브 베이즈 모델이 있는데 그것이 베이즈 정리를 활용하기 때문에 설명해 드리는 것입니다. 물론 이해를 못 하셔도 AI를 도급 리스크 진단에 활용하는 데에는 전혀 문제가 없습니다. 그래도 준비한 거니까 예를 들어서 쉽게 설명해 드릴게요."

"하하. 김 대리 말을 들으니 훨씬 부담이 없네요. 네, 알겠습니다. 베이즈 정리가 무엇인가요?"

30. 베이즈 정리 (Bayes' Theorem) 예시

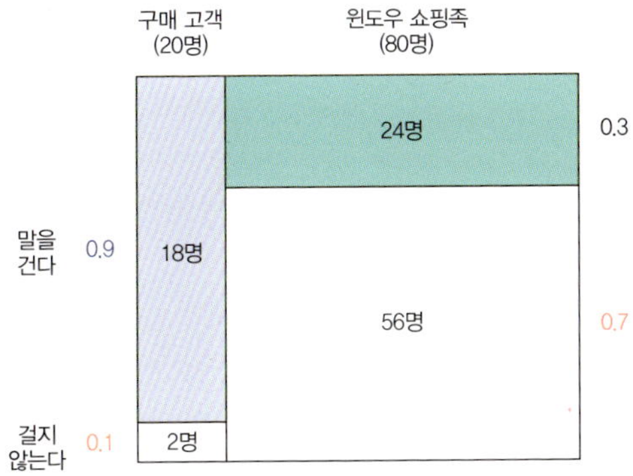

"우리가 가게를 운영한다고 가정했을 때 가게에 들어오는 손님 중에 누가 물건을 구매할 것인가를 어떻게 알 수 있을까라고 생각해 볼 수 있습니다. 하루에 고객이 100명이라고 할 때 20%가 구매 고객 나머지 80%가 윈도우 쇼핑만 하는 고객이라는 것을 매출전표 등 데이터 분석을 통해 알 수가 있습니다. 구매 고객 중에 가게 점원에게 말을 거는 확률이 90%이고 말을 걸지 않을 확률이 10%, 윈도우 쇼핑족이 점원에게 말을 거는 확률이 30%, 말을 걸지 않을 확률이 70%라고 했을 때, 한 고객이 가게를 방문해서 점원에게 말을 걸었을 때 이 고객이 물건을 구매할 확률은 얼마나 되는지를 예측할 때 바로 베이즈 정리가 사용됩니다."

"베이즈 정리가 사전 확률을 바탕으로 사후 확률을 구하는 것이니까 사전에 주어진 확률이 방문했을 때 구매할 확률과 하지 않을 확률, 구매 고객과 위도우 쇼핑족 중에 점원에게 말을 걸 확률과 걸지 않을 확률인 거네요. 그리고 그런 사전 확률을 바탕으로 점원에게 물어볼 고객이 구매할 확률이 사후확률인 것이고요."

"네, 맞습니다. 팀장님. 점원에게 말을 건 고객이 구매할 확률은 베이즈 정리로 풀어보면 약 43%로 나옵니다."

$$\frac{\text{18(구매고객 20명 X 말을 걸 확률 90\%)}}{\text{18(구매고객 20명 X 말을 걸 확률 90\%) + 24(윈도우쇼핑족80명 X 말을 걸 확률 30\%)}} \fallingdotseq 43\%$$

"즉, 나이브 베이즈 알고리즘은 베이즈 정리를 이용하여 주이진 데이터에서 설명 변수의 빈도와 값의 조합을 세어서 목표변수의 특점 범주에 속할 확률을 계산하게 됩니다."

"대리님, 그러면 우리가 나이브 베이즈 모델을 쓰게 되면 학습용 데이터에서 반영된 진단 체크리스트 항목들이 어떤 경우일 때 불법파견이 되었는지, 어떤 경우일 때 준법도급이 되었는지를 빈도와 값을 카운트해서 확률을 계산하게 되는 건가요?"

"네, 우주 씨. 정확하게 이해하셨어요."

"우리 우주 씨가 6개월 정도 인공지능과 함께 해서 그런지 이해도가 엄청나게 높아진 것 같네요. 말 그대로 AI 신입사원이네요. 하하."

"하하. 팀장님, 과찬이십니다."

(2) 머신러닝 알고리즘

"다음으로 오렌지의 머신러닝 알고리즘 주요 3가지 모델에 대해서 설명드리겠습니다. 서포트 백터 머신, kNN, 의사결정트리 모델이 있는데요. 먼저 서포트 백신 머신 모델은 목표변수의 클래스 즉, 범주 간 사이를 최대화하는 결정경계Decision Boundary를 정의하는 기법입니다."

31. 서포트 백터 머신 (Support Vector Machine)

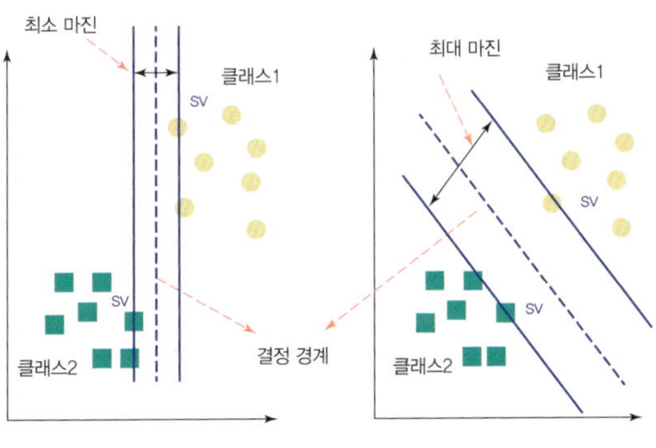

"결정경계가 두 범주의 데이터 포인트에서 가능한 한 멀리 떨어져 있어야 합니다. 서포트 백터는 결정경계에 가장 가까이에 있는 데이터 포인트이고요. 마진은 결정경계와 서포트 백터 사이의 거리를 의미합니다. 그러므로 최적 결정경계는 서포트 백터와 마진을 최대화하는 것이고 이때 예측 가능성은 커지게 됩니다."

"그러면 서포트 백터 머신 알고리즘은 불법파견과 준법도급이라는 두 가지 클래스(범주)로 나누는데 각종 데이터 즉, 진단 체크리스트 항목별로 기준에 해당이 되는지 안되는지를 표시하여서 그 경계의 거리를 최대화해서 예측하게 되는 거네요."

"네, 맞습니다. 팀장님."

"머신러닝 알고리즘 두 번째는 kNN$_{\text{k- Nearest Neighbor}}$입니다. 주변의 가장 가까운 k개의 데이터 포인트를 보고 해당 데이터가 속할 그룹을 판단합니다."

32. kNN (k – Nearest Neighbor)

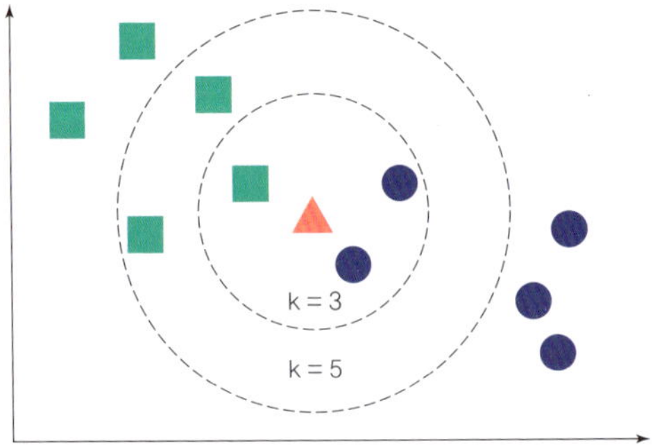

"k가 3일 경우에는 세모는 동그라미 범주에 속한다고 판단하지만, k가 5일 경우에는 네모 범주에 속한다고 판단합니다. k를 몇 개로 할 것인지가 중요한데 오렌지에서는 디폴트 값으로 5로 설정되어 있고 거리를 구하는 방식은 유클리디안 거리Euclidean distance로 설정되어 있습니다. 홀수로 설정해야지 의사결정이 쉬우므로, 그중 가장 성능이 높은 결과를 보여준 k가 5여서 디폴트로 설정되어 있고 또 두 점 사이의 거리를 계산할 때 일반적으로 사용하는 공식이기 때문에 유클리안 거리가 반영되어 있습니다."

"그러면 대리님, kNN에서는 X축은 진단 체크리스트 항목이 되고 Y축은 판단결과가 되어서 데이터가 좌표에 찍히면 거리가 가까운 판단결과로 kNN은 예측을 하게 되는 거네요?"

"네, 우주 씨. 맞습니다."

33. 유클리디안 거리 (Euclidean Distance)

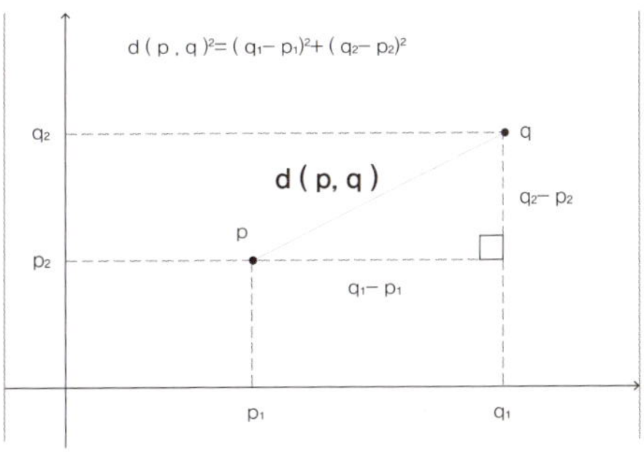

"머신러닝 알고리즘 3번째 모델은 의사결정 트리입니다. 의사결정트리는 데이터를 내부 기준을 통해 연속적으로 작은 데이터 집합으로 나누는 규칙을 도출해 목표변수 값을 예측하거나 분류하는 기법입니다."

▶ 34. 의사결정 트리 (Decision Trees)

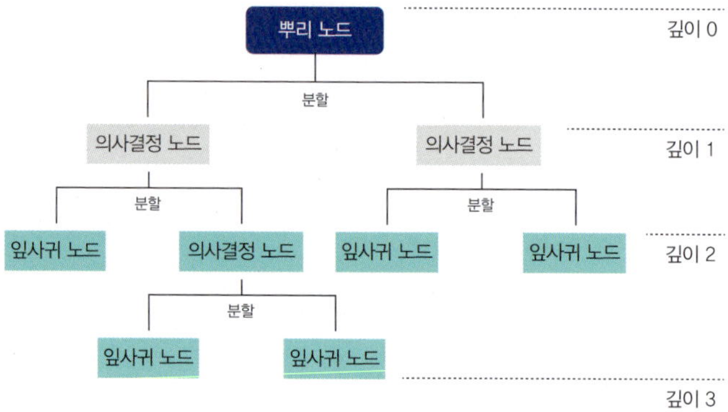

"그러면 우리가 도급 리스크 진단에 AI 알고리즘으로 의사결정 트리를 적용한다면 뿌리노드가 불법파견, 준법도급이 되는 것이고 의사결정 노드가 각각의 진단 체크리스트 항목이 되는 것이겠네요?"

"네, 맞습니다. 팀장님. 각각의 진단 체크리스트 항목을 기준으로 Yes, No로 반복적으로 분할되어서 나뉘게 되는 구조라고 이해하시면 되겠습니다."

"네, 알겠습니다. 어느 정도는 이해가 되네요."

(3) 앙상블 알고리즘

"오렌지 프로그램의 주요 알고리즘 세 번째는 앙상블 알고리즘입니다. 앙상블 알고리즘 모델에서는 3개 정도 소개해 드리겠습니다. 첫째, 랜덤 포레스트입니다."

"랜덤 포레스트요? 포레스트forest가 숲이니까 랜덤, 무작위로 뽑힌 숲인가요?"

"하하, 우주 씨. 맞습니다. 나무가 트리니까 여러 개의 나무가 모이면 숲, 포레스트가 되겠죠? 하하. 랜덤 포레스트는 앞서 설명해 드린 의사결정 트리 모델을 여러 개를 사용해서 그 결과들을 결합해서 목표값을 예측, 분류하는 모델입니다. 또 랜덤 포레스트는 상관관계가 없는 여러 개의 의사결정 트리를 활용하여 결론을 도출하기 때문에 전체 분산 및 예측오류를 감소시키는 특징이 있습니다. 그래서 회귀 및 분류 작업 모두 높은 정확도로 처리할 수 있어서 데이터 과학자들 사이에서는 인기 있는 모델이기도 합니다."

35. 랜덤 포레스트 (Random Forest)

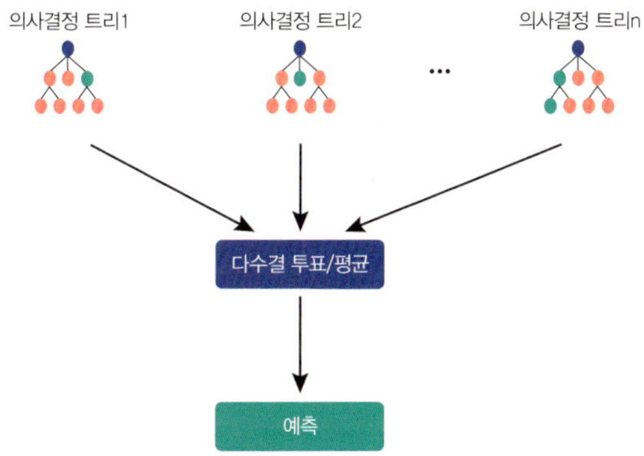

"김 대리 설명을 들어보니 앞서 살펴본 각각의 판단기준에 해당할 때는 Yes, 해당하지 않을 때는 No라는 과정을 반복적으로 분할이 이루어지는 의사결정 트리가 여러 개가 있어서 반복과정을 거치면 예측오류가 줄어들 것 같네요."

"네, 맞습니다. 팀장님. 무작위로 복수의 의사결정 트리를 사용한다고 해서 랜덤 포레스트가 모델명이 되었습니다."

"그렇군요. 다음은 어떤 모델이죠?"

"앙상블 알고리즘 두 번째는 에이다부스트AdaBoost입니다. Adaptive Boosting의 합성어로 부스팅 방법을 통해서 보다 나은 모델을 찾는 방법입니다. 샘플 데이터를 생성하고 그 데이터를 토대로 예측 결과를 확인합니다. 데이터 포인트별로 가중치를 부여해서 업데이트한 후에 분류기를 통합해서 최적의 결과를 산출하는 과정을 거치고 예측을 하게 되는 모델입니다."

36. 에이다부스트 (AdaBoost)

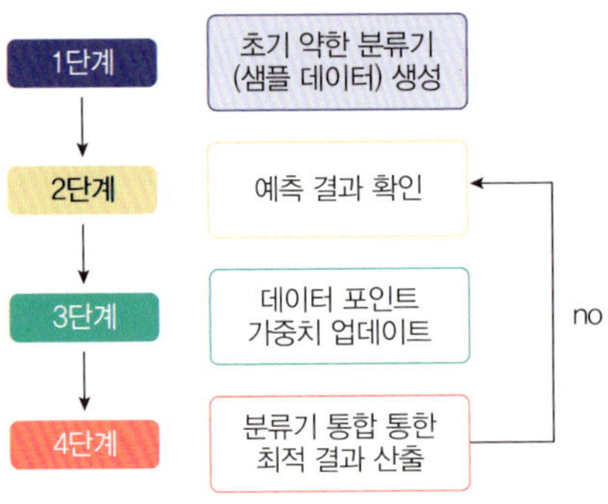

"대리님, 이 알고리즘은 도급 리스크 진단을 어떤 방식으로 학습하게 되나요?"

"에이다부스트는 AI 학습용 데이터에서 샘플 데이터를 생성합니다. 그 데이터의 예측결과가 불법파견인지 준법도급인지 확인 후에 진단 체크리스트 항목에 가중치를 부여한 후 다시 통합해서 예측을 합니다. 이러한 과정을 통해서 샘플 데이터가 불법파견인지 준법도급인지에 대한 최적의 결과값을 반복을 통해서 찾게 되는 것입니다."

"제대로 예측하지 못한 데이터에 가중치를 반영하면 예측의 정확도를 높여서 AI 분석모델의 성능을 높일 수 있을 것 같네요."

"네, 맞습니다. 팀장님. 에이다부스트의 특징 중의 하나가 바로 가중치를 통한 모델의 신뢰성이 높다는 점입니다."

"네, 알겠습니다. 앙상블 알고리즘의 세 번째는 무엇인가요?"

"세 번째 모델은 그래디언트 부스팅Gradient Boosting입니다. 함수의 기울기를 구하고 기울기가 줄어드는 방향으로 이동시키는 과정을 통해서 최소의 오차값을 갖는 파라미터를 찾는 모델입니다."

"함수의 기울기요? 또 수학이네요. 대리님. 머리아파요."

"하하, 우주 씨, 계속 말씀드리지만, 오렌지에 이런 알고리즘 모델이 있다고 소개해 드리는 거니까요. 모르셔도 인공지능을 도급 리스크 진단에 적용하는 것에는 전혀 문제가 없으니까 걱정하지 마세요. 하하."

"네, 알겠습니다. 대리님만 믿고 계속 들어보겠습니다."

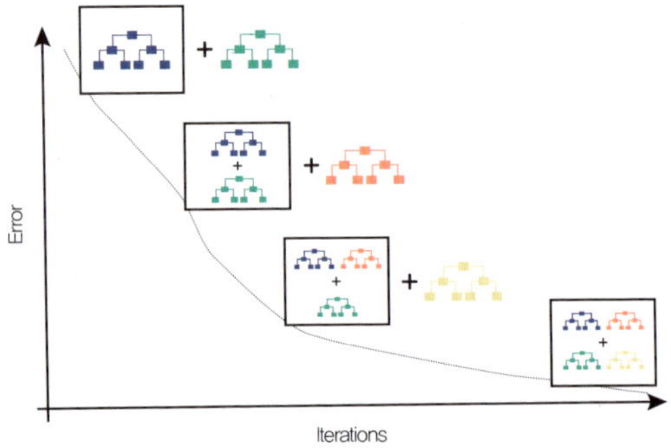

"그래디언트 부스팅은 후속 의사결정 트리가 이전 의사결정 트리에서 발생한 오류를 수정하는 일련의 과정을 반복적으로 구축하여 작동하게 됩니다. 즉, 예측값과 실제값 사이의 오차 측정인 손실함수를 최소화하는 것입니다. 이 절차는 예측값과 실제값의 차이가 더 이상 중요하지 않거나 미리 결정된 수의 트리가 구축될 때까지 즉, 0에 수렴될 때까지 반복하게 됩니다. 우리의 경우에는 실제가 불법파견인데 예측값이 불법파견이 될 때까지, 실제가 준법도급인데 예측값이 준법도급이 될 때까지 반복적으로 작동하게 되는 것입니다.

"아, 그래서 X축인 반복 횟수$_{\text{iterations}}$가 계속될수록 Y축인 오차$_{\text{error}}$가 작아지는 우하향 그래프가 되는 것이군요."

"네, 맞습니다. 팀장님."

"네, 앙상블 알고리즘인 랜덤 포레스트, 에이다부스트, 그래디언트부스팅 모델에 대해서는 대략 이해했습니다. 그럼, 다음 딥러닝 알고리즘에 관해서 설명해 주세요."

(4) 딥러닝 알고리즘

"딥러닝 알고리즘 모델에서는 확률적 경사하강법SGD, Stochastic Gradient Descent과 신경망Neural Network에 대해서 설명드리겠습니다. 먼저 확률적 경사하강법은 샘플 일부를 사용하여 파라미터를 업데이트하는 방법으로 예측합니다. 샘플 n개에 대해 경사하강법으로 오차 즉, 예측값과 실제값의 차이 기울기를 계산하고 파라미터를 업데이트한 후에 다른 샘플을 선택하고 다시 파라미터를 업데이트하는 방법으로 반복 수행을 하게 됩니다."

"신경망은 인간이 뇌를 통해 문제를 처리하는 방법과 비슷한 방법으로 문제를 해결하기 위해 인공지능에서 채택하고 있는 구조입니다. 신경망 모델은 일반적으로 입력층, 은닉층, 출력층 3개로 구성됩니다. 입력값이 임계치 즉, 읽을 수 있는 범위를 초과하면 가중치에 따라 다음 계층으로 데이터를 전송하는 방법으로 최종 출력층에서 예측 결과값이 나오게 됩니다. 복잡한 비선형 및 다차원 관계를 모델링하기 위한 인공지능으로 인간의 두뇌를 모형화하여 문제 해결 능력을 갖게한 모델이라고 이해하시면 되겠습니다."

"그러면 김 대리, 딥러닝 알고리즘 역시 예측값과 실제값의 차이를 최소화시키는 과정을 신경망을 통해서 반복되니까 불법파견과 준법도급 각각의 예측값과 실제값의 차이를 최소화시키는 과정이 반복해서 반영된다라고 이해하면 되겠네요?"

"네, 맞습니다. 팀장님."

"네, 김 대리. 수고많았습니다. 그런데, 오렌지 프로그램은 이런 알고리즘에 대해서 정확한 이해가 없어도 인공지능을 우리가 하는 도급 리스크 진단에 활용할 수 있다는 거죠?"

"네, 팀장님. 그렇기 때문에 R이나 파이썬과 같은 프로그래밍 언어를 몰라도 오렌지 프로그램으로 인공지능 활용이 가능한 것입니다. 그래서 우리와 같은 비전문가들도 손쉽게 오렌지를 사용할 수 있는 거고요."

"네, 알겠습니다. 그러면 실제 오렌지에서는 AI 데이터를 어떻게 학습을 시키나요? 실제로 해보면 이해가 될 것 같은데요."

"네, 팀장님. 그럼 오렌지 프로그램으로 데이터 학습을 시켜보겠습니다."

38. AI 알고리즘 데이터 학습

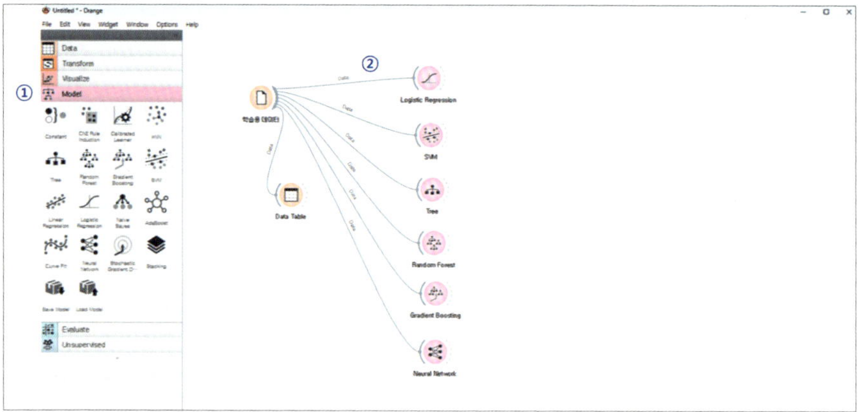

"오렌지를 실행시킨 후에 Model 카테고리에서 학습시키고자 하는 AI 알고리즘 모델을 캔버스로 드래그(①)해서 가져옵니다."

"대리님, 그러면 여기서는 어떤 알고리즘 모델을 가지고 오게 되나요?"

"분석하고자 하는 모델을 선정하면 되는데요. 저는 앞서 설명해 드린 알고리즘 4개 부문에서 1~2개씩을 가지고 와서 분석하려고 합니다. 전통적 알고리즘에서는 인공지능 분류 분야에서 가장 많이 쓰이는 로지스틱 리그레션을 가지고 올 거고요. 머신러닝 알고리즘에서는 머신러닝에서 강력한 모델인 서포트 백터 머신과 앙상블 알고리즘의 기본이 되는 의사결정 트리를 모델로 선택하려고 합니다. 앙상블 알고리즘에서는 의사결정 트리를 활용하는 랜덤 포레스트와 그래디언트 부스팅을, 딥러닝에서는 예측 결과가 우수한 신경망 모델을 선택하고자 합니다. 어떤 모델을 해야 한다고 정해진 것은 없고 모델별 특징을 고려해서 선택하면 됩니다."

"김 대리가 말한 모델 선택기준이 일리가 있어 보이네요."

"그러면 대리님. 총 6개의 모델이 선택하게 되는 거네요?"

"네, 맞습니다. 6개의 모델을 캔버스를 드래그한 후에 학습용 데이터를 각 모델별로 연결을 시켜주면(②) AI 알고리즘 모델이 학습을 완료하게 됩니다."

"정말 간단하군요. 학습용 데이터 위젯을 각 모델 위젯과 마우스로 드래그해서 연결만 시켜주면 AI 분석모델 학습이 완료되다니. 하하. 정말 쉽네요. 자, 그러면 다음 절차는 무엇인가요?"

2) AI 분석모델 검증/평가

"다음은 AI 분석모델 검증 및 평가입니다. 데이터를 학습한 AI 분석모델이 얼마나 잘 학습하였는지, 얼마나 잘 예측하였는지를 평가해야 합니다. 모델의 검증 및 평가는 성능평가 지표를 통해서 하게 되는데요. 먼저 성능평가 지표에 대한 이해를 위해서는 혼동 매트릭스Confusion Matrix

에 대한 이해가 필요해서 이에 대해서 먼저 설명드리겠습니다."

"대리님, 혼동 매트릭스요? 매트릭스는 무슨 표를 의미할 것 같은데요. 혼동은 어떤 의미인가요?"

"네, 맞아요. 우주 씨. 실제와 예측이 잘 이루어져야 하는데 잘 이루어지지 않았다면 즉, 실제는 참(Y)인데 예측을 참(Y)으로 되거나 실제가 거짓(N)인데 예측도 거짓(N)이 되어야 하는데 그렇지 않은 경우가 발생해서 혼동Confusion이라는 용어를 사용한 겁니다. 그래서 혼동 매트릭스는 실제와 예측을 시각적으로 표현하고 평가지표를 계산하기 위한 표라고 이해하시면 됩니다."

39. 혼동 매트릭스 (Confusion Matrix)

		실 제 (Reference)	
		Y	N
예 측 (Prediction)	Y	TP (True Positive)	FP (False Positive)
	N	FN (False Negative)	TN (True Negative)

"대리님, 질문 있습니다. 참(Y)과 거짓(N)이 나오는데 저희가 하는 도급 리스크 진단 예측에서는 어떤 것이 참(Y)이고 어떤 것이 거짓(N)인가요?"

"네, 우주 씨 좋은 질문이에요. AI 분석모델을 통해서 예측하고자 하는 것을 참(Y)으로 설정하면 됩니다. 우리는 인공지능을 적용해서 도급 리스크 진단 결과가 불법파견인지, 준법도급인지를 예측하려고 합니다. 예측 결과 준법도급이 나오면 사업을 지속하면 되지만 불법파견이 나오면 개선 활동을 통해서 준법도급으로 전환해야 되잖아요? 그렇기 때문에 불법파견이 AI 분석모델을 통해서 구하려고 하는 값이고 이것이 참(Y)이 되는 겁니다."

"아, 그렇군요. 알겠습니다. 그리고 True와 False 그리고 Positive와 Negative가 있는데요. 각각의 의미는 무엇인가요?"

"쉽게 설명해 드리면 True와 False는 예측이 정확했는지를 뜻합니다. True는 실제와 예측값이 맞는 경우이고 False는 실제와 예측값이 틀린 경우입니다. Positive와 Negative는 예측의 Yes와 No를 의미한다고 보시면 됩니다. 우주 씨, 우리가 AI 분석모델로 구하려고 하는 값이 무엇이라고 했죠?"

"불법파견이요."

"네, 맞아요. 그러면 예측의 Yes값은 불법파견이므로 Positive는 불법파견이 되고 예측의 No값인 Negative는 준법도급이 되는 것이죠."

"아하. 그렇군요. 그러면 혼동 매트릭스에 나와 있는 TN, FP, FN, TP는 각각 무슨 뜻인가요?"

"네, 하나씩 설명드리겠습니다. TP$_{\text{True Positive}}$는 T가 실제와 예측값이 맞는 경우이고 P는 예측이 불법파견이니까 불법파견을 불법파견이라고 예측했을 때 TP가 되는 것입니다. TN$_{\text{True Negative}}$에는 T가 실제와 예측값이 같은 경우이고 N은 예측이 준법도급이니까 실제 준법도급을 준법도급이라고 예측했을 때입니다. FP는 실제는 준법도급인데 예측은 불법파견일 때, FN은 실제는 불법파견인데 준법도급으로 예측했을 때를 나타냅니다."

40. 혼동 매트릭스 이해산식과 의미

구분	이해산식	의미
TP	T(실제 = 예측), P(예측 : 긍정 = 불법파견)	불법파견을 불법파견으로 예측한 경우
TN	T(실제 = 예측), N(예측 : 부정 = 준법도급)	준법도급을 준법도급으로 예측한 경우
FP	F(실제 ≠ 예측), P(예측 : 긍정 = 불법파견)	예측은 불법파견인데 실제는 준법도급인 경우
FN	F(실제 ≠ 예측), N(예측 : 부정 = 준법도급)	예측은 준법도급인데 실제는 불법파견인 경우

"6개월 동안 공부하면서 그리고 대리님과 프로젝트를 같이 하면서 가장 이해가 안 되었던 부분이었는데요. 역시 대리님의 명쾌한 설명에 쉽게 이해가 됩니다. 절대 잊어버리지 않을 것 같아요. 하하."

"그러면, 김 대리. AI 분석모델이 잘 예측했는지 성능평가를 위해서 먼저 혼동 매트릭스에 대해서 이해가 필요하다고 해서 실제와 예측값을 비교한 TP, TN, FP, FN의 개념을 살펴봤는데, 그러면 AI 분석모델의 성능평가는 어떻게 이루어지는가요?"

"네, 팀장님. 분석모델의 성능평가는 성능평가 지표로 할 수 있습니다. 성능평가 지표는 여러 개가 있는데 오렌지에서는 성능평가 지표로 아래 5개를 보여줍니다."

41. AI 분석모델 성능평가 지표

지 표	주요 내용
정확도 (CA, Classification Accuracy)	■ 전체 사례 중, 실제와 예측이 같은 비율 $$정확도 = \frac{TP + TN}{TP + TN + FP + FN}$$
성능지표가 1에 가까울수록 AI 분석모델 성능이 우수 정밀도 (Precision)	■ 예측이 Y인 것중에 실제가 Y인 경우의 비율 $$정밀도 = \frac{TP}{TP + FP}$$
재현율 (Recall)	■ 실제가 Y인 것 중에 예측이 Y인 경우의 비율 $$재현율 = \frac{TP}{TP + FN}$$
F1	■ 정밀도와 재현율의 조화평균, 정밀도와 재현율의 균형을 나타내는 수치 F1 = {2 × (정밀도 × 재현율)} ÷ (정밀도 + 재현율)
ROC 곡선 (Receiver Operating Characteristic) 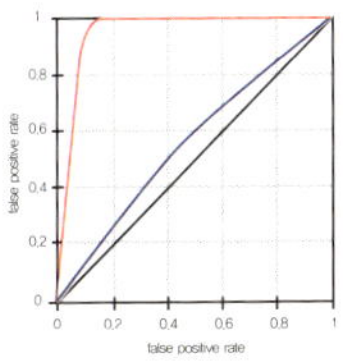	■ 모델이 긍정(찾고자 하는 것) / 부정으로 예측했을 때 얼마나 잘 맞추는 지를 측정하는 지표 ■ Y축 : TPR (True Positive Rate) ■ X축 : FPR (False Positive Rate) ■ ROC 곡선이 왼쪽 / 상단에 있을수록 모델의 성능은 우수 ■ ROC 곡선 면적으로 계산 = AUC (Area Under Curve) : 최대값 1 *AUC값이 1에 가까울수록 성능 우수

"먼저 정확도CA, Classification Accuracy입니다. 전체 사례 중에 실제로 예측을 정확하게 한 비율입니다. 예측 정확하게 했다는 의미는 실제와 예측값이 같다는 말입니다. 따라서 정확도는 분모가 전체 사례 즉, TP+TN+FP+FN이 되고요. 불법파견을 불법파견으로 예측한 TP와 준법도급을 준법도급으로 예측한 TN의 합이 분자가 됩니다."

42. 정확도(CA, Classification Accuracy)

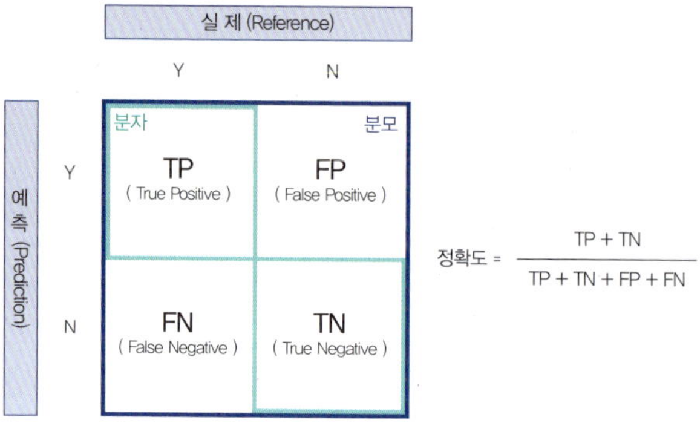

"AI 분석모델이 예측한 전체 데이터 수 중에 실제와 예측한 값이 같은 경우가 얼마인지를 계산한 것이 바로 정확도인 거군요."

"네, 맞습니다. 팀장님. 그러므로 정확도가 1에 가까울수록 정확도는 높아지고 AI 분석모델 성능은 우수하게 되는 것입니다."

"네, 알겠습니다. 다음 지표는요?"

"다음은 정밀도Precision입니다. 예측이 Y인 것 중에 실제가 Y인 경우의 비율입니다. 예측이 Y인 것은 혼동 매트릭스에서 TP와 FP인 것을 확인할 수 있습니다. TP와 FP의 합이 정밀도의 분모가 되는 것이고요. 예측이 Y이면서 실제가 Y인 것은 바로 TP이고 이것이 정밀도의 분자가 됩니다."

43. 정밀도(Precision)

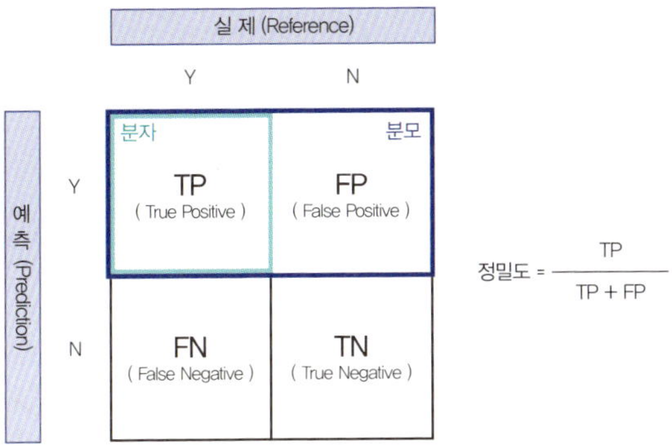

"정밀도는 불법파견으로 예측한 것 중에 실제가 불법파견인 경우가 얼마인지를 나타내는 것이군요."

"네, 맞습니다. 팀장님."

"다음 지표는 재현율Recall입니다. 재현율은 실제가 Y인 것 중에 예측이 Y인 경우의 비율입니다. 실제가 Y인 것은 혼동 매트릭스에서 TP와 FN입니다. 이것의 합이 재현율의 분모가 되고요. 실제가 Y이면서 예측이 Y인 것은 바로 TP이고 이것이 재현율의 분자가 됩니다."

44. 재현율(Recall)

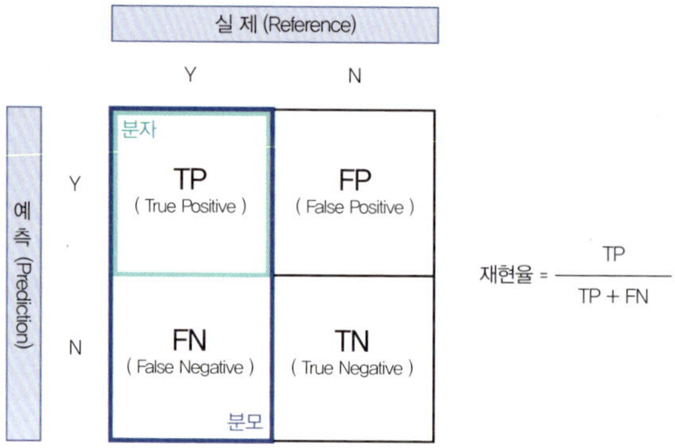

"그러면 재현율은 실제가 불법파견인데 예측도 불법파견인 경우가 얼마인지를 나타내는 것이네요?"

"네, 맞습니다. 하지만…."

"잠깐만요, 김 대리. 가만히 보니까 정밀도와 재현율이 상충관계Trade-off가 될 수 있을 것 같은데요? 정밀도는 예측이 Y인 것 중에 실제가 Y인 것의 비율이고 재현율은 실제가 Y인 것 중에 예측이 Y인 것의 비율이니까요."

"네, 팀장님. 정확하게 보셨습니다. 예측기준을 높이면 더 정밀하게 예측하게 됩니다. 그래서 예측이 분자인 재현율이 낮아지게 됩니다. 반면, 재현율을 높이려면 예측기준을 낮춰야 합니다. 예측기준이 낮아지게 되면 이전보다 덜 정밀하게 예측하게 되어서 정밀도가 떨어집니다. 정밀도와 재현율의 중요성은 상황에 따라 달라질 것입니다. 우리가 도급 리스크 진단에서는 불법파견으로 예측한 것이 실제 불법파견일 비율(정밀도)이 실제가 불법파견인 것 중에 예측이 불법파견인 비율(재현율)보다 중요할 수 있다고 볼 수 있습니다. 그래서 정밀도를 중요시하면서 재현율을 높이는 방법을 찾아야 하겠습니다."

"네, 저도 김 대리와 같은 생각입니다. 물론 정밀도와 재현율이 상충관계로 숫자가 나올 경우일 때이죠. 실제로 AI 분석모델의 성능평가 결과 두 지표가 모두 다 좋게 나올 때는 고민할 필요가 없겠죠. 지금 우리가 시뮬레이션한 분석모델 결과는 어떤가요? 두 지표가."

"하하. 팀장님. 그 결과는 오렌지로 시뮬레이션한 후에 직접 보여 드리겠습니다. 다음 지표인 F1에 대해서 설명드리겠습니다. F1은 정밀도와 재현율의 조화평균으로 구하고 정밀도와 재현율의 균형을 나타내는 수치라고 보시면 되겠습니다."

"대리님, 조화평균이 수학시간에 배웠던 산술평균, 기하평균, 조화평균할 때 그 조화평균인 거예요?"

"네, 맞아요. 우주 씨. 그래서 산출식도 조화평균 공식과 같습니다."

"마지막 성능평가 지표는 무엇인가요? 무슨 그래프가 보이네요?"

"ROC Receiver Operating Characteristic 곡선은 AI 분석모델이 긍정 또는 부정으로 예측했을 때 얼마나 잘 맞추는지를 측정하는 곡선입니다. Y축은 TP True Positive Rate로서 Y를 Y라고 예측한 비율을 나타내고 X축은 FPR False Positive Rate로서 N을 N이라고 예측한 비율을 나타냅니다. ROC 곡선은 왼쪽

위 끝에 있을수록 성능이 우수합니다. 이 성능지표는 ROC 곡선 아래 면적으로 계산하는데요. AUC$_{\text{Area Under Curve}}$라고 오렌지에서는 표시되며 최대값은 역시 1입니다."

"그러면 AUC 값도 1에 가까울수록 AI 분석모델은 성능이 우수한 것이겠네요?"

"맞습니다. 우주 씨. AI 분석모델 성능지표에 대해서는 완벽하게 이해를 하신 것 같은데요?"

"대리님께서 이해하기 쉽게 설명해 주신 덕분입니다. 하하."

"그럼, 김 대리. 오렌지로 AI 분석모델 검증/평가 결과는 어떻게 확인할 수 있나요?"

"네, 팀장님. 오렌지를 실행시켜서 설명드리겠습니다."

45. Test and Score 위젯 연결

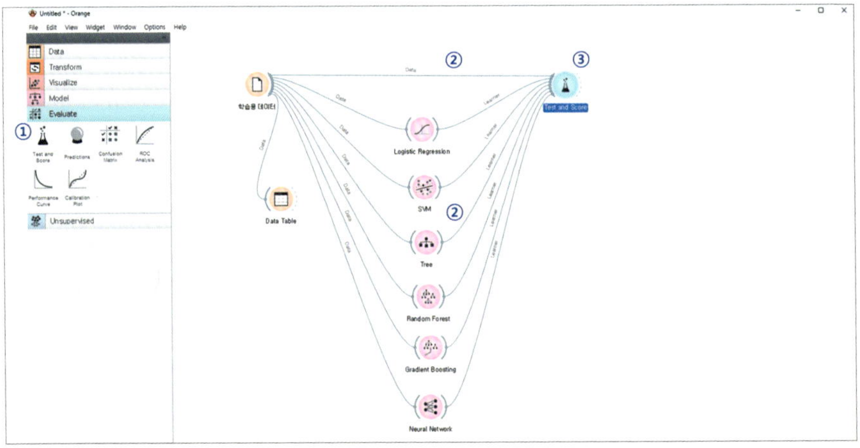

“AI 분석모델의 검증/평가는 Test and Score 위젯을 통해서 할 수 있습니다. Evaluate 열에 있는 Test and score 위젯을 드래그하여서 캔버스로 이동(①)시킵니다. 이동시킨 후에 알고리즘 모델 6개와 학습용 데이터 File 위젯을 각각 Test and Score 위젯과 연결(②)합니다. 연결이 완료되면 Test and Score 위젯의 % 가 서서히 올라갑니다. 100%가 되면 모델에 대한 검증/평가가 완료가 된 것입니다. 완료된 후에 검증/평가 결과를 보기 위해서 Test and Score 위젯을 더블클릭(③)해 줍니다.”

46. AI 분석모델 성능평가 결과

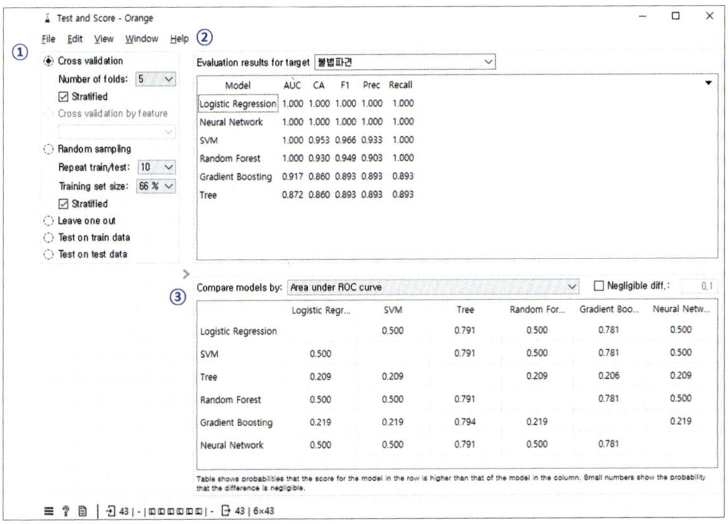

“Test and Score 위젯을 더블클릭하면 ①에서 성능평가 방법으로 오렌지에서는 교차검증법Cross validation과 랜덤 표본 선정법Random sampling을 사용한다는 것을 확인할 수 있습니다. 교차검증법은 학습용 데이터를 분석모델의 학습을 위한 학습용 데이터와 검증을 위한 검증용 데이터 둘로 나눠서 검증하는 방법입니다. 전체 데이터셋을 K개의 겹fold으로 나누어 준 뒤, K-1개의 학습용 데이터셋으로 분류하고 나머지 1개를 검증용 데이터셋으로 할당합니다. 그 후에 K 번 만큼 교차검증을 시행한 뒤 검증 결과 평균을 내어서 결과를 도출하게 됩니다."

"아, 김 대리. 이런 부분에 관한 내용도 전부 다 이해해야 하는 것은 아니죠?"

"네, 맞습니다. 팀장님. 이런 세세한 부분을 다 모르시더라도 앞서 말씀드린 대로 오렌지가 알아서 스스로 잘 분석해 주기 때문에 걱정은 안 하셔도 됩니다."

"하하. 오렌지를 만든 개발자분들에게 노벨상을 줘야 할 것 같아요. 저와 같은 초보자들도 인공지능을 업무에 활용할 수 있게끔 해줬으니까요. 하지만 어떤 로직으로 이루어지는지를 알아야 하기 때문에 인내심을 가지고 끝까지 들어볼게요."

"네, 계속 설명드리겠습니다. 랜덤 샘플링은 주어진 비율(예. 70:30)에 따라서 훈련용 데이터셋과 시험용 데이터셋을 무작위로 분할하여 지정된 횟수만큼 반복하여 검증을 시행한 뒤에 결과를 도출하는 방법입니다. Leave-one-out은 교차검증의 한 방법으로서 전체 N개의 샘플 데이터셋을 N-1개의 학습용 데이터셋과 1개의 검증용 데이터셋으로 나누어 총 N 번 만큼 교차검증을 시행하는 방법입니다. 그리고 Leave-one-out에 보시면 Test on train data는 훈련용 데이터셋을 테스트하는 것이고 Test on test data는 시험용 데이터셋을 테스트하는 것입니다. 어느 방법을 선택하느냐에 따라 결과값은 달라지는데 저는 교차검증법으로 시뮬레이션해보았습니다."

"시뮬레이션 결과가 ②에서 나타나는 거군요?"

"네, 맞습니다. ②를 보시면 성능평가 결과를 어떤 Target으로 할 것인지를 설정할 수 있습니다. 우리는 AI 분석모델로 불법파견을 예측하는 것이 목표이므로 불법파견으로 설정하면 됩니다. 설정하게 되면 앞서 살펴본 AI 분석모델의 성능평가 지표 5가지 즉, AUC(ROC 곡선), CA(정확도), F1(정밀도와 재현율의 조화평균), Precision(정밀도), Recall(재현율)의 결과가 모델별로 나옵니다."

"6개의 분석모델 모두 5개의 성능평가 지표가 거의 1에 가깝네요. 그러면 1에 가까우면 가까울수록 AI 분석모델의 성능이 우수하다고 했는데."

"네, 맞습니다. AI 분석모델의 성능은 평가지표 결과 우수한 것으로 판단되고 이는 유의미한 예측이 가능하므로 이 AI 분석모델로 우리의 도급 리스크 진단 예측에 활용할 수가 있습니다."

"학습용 데이터를 반영해서 AI 알고리즘 모델 6개로 학습을 시킨 결과가 성능이 우수한 걸로 나온 것이네요. 그런데 김 대리, ③이라고 표시된 부분은 무엇인가요?"

"아, ③영역은 각 모델을 쌍으로 비교를 할 수 있습니다. 상단에 나와 있는 compare models by에서 비교기준이 되는 모델을 설정하면 나머지 5개 모델과 비교를 할 수 있습니다. 나오는 숫자들은 비교기준이 되는 모델보다 나을 확률을 의미하고 이것은 교차검증에만 사용할 수가 있습니다."

"대리님, 좀 전에 혼동 매트릭스를 설명해 주셨는데요. 혹시 오렌지에서는 혼동 매트릭스 결과를 볼 수 있나요?"

"네, 우주 씨. 좋은 질문이에요. 물론 있습니다. 오렌지에서 보여 드리겠습니다."

47. 혼동 매트릭스 (Confusion Matrix)

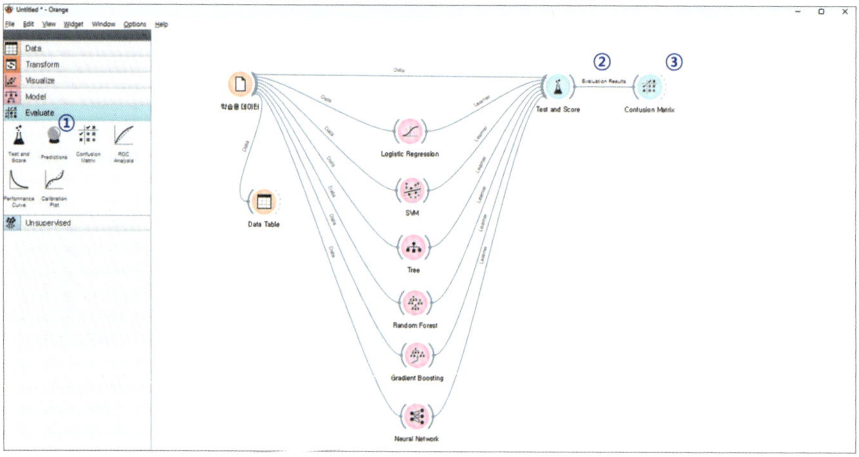

"Evaluate 카테고리에서 Confusion Matrix 위젯을 드래그하여 캔버스로 이동(①)한 후에 Test and Score 위젯과 연결(②)을 시키고 더블 클릭(③)하면 혼동 매트릭스 결과를 볼 수 있습니다."

48. 모델별 혼동 매트릭스 (Confusion Matrix) 결과

"각 AI 분석모델별로 실제와 예측값의 혼동 매트릭스를 확인할 수 있는데요. 좌측 편에 보시면 Learners라고 되어 있는 것이 바로 우리가 선택한 6개의 AI 알고리즘 분석모델입니다. 로지스틱 리그레션부터 신경망까지 총 6개의 모델이 나와 있습니다. output은 결과물로 예측값Predictions과 확률Probabilities로 표시될 수 있고 지금 보시는 것은 로지스틱 리그레션 모델의 혼동 매트릭스 결과입니다."

"다른 모델의 결과값을 보려면 어떻게 해야 하나요?"

"네. 좌측 편 Learners에서 모델을 선택해 주면 각 모델의 혼동 매트릭스 결과값을 보실 수 있습니다."

"네, 김 대리. 수고 많았습니다. 데이터 확보를 한 후에 AI 분석모델이 확보된 데이터를 학습한 후에 잘 학습이 되었는지 성능평가 지표를 통해서 성능이 우수하다는 것을 확인했습니다. 그러면 이 AI 분석모델을 우리가 어떻게 도급 리스크 진단에 활용할 수 있는 건가요?"

"네, 팀장님. 그러면 지금부터는 우리가 설계한 AI 분석모델을 통해서 도급 리스크를 예측하고 그 결과분석에 대해서 설명드리겠습니다."

4. 결과분석

1) AI 분석모델 도급 리스크 예측

"120여 개 판례의 판단기준으로부터 도출한 진단 체크리스트를 가지고 사업장을 진단한 결과가 불법파견인지, 준법도급인지를 AI 분석모델로 예측해 보겠습니다."

"그러면 진단 체크리스트를 가지고 사업장 진단을 해야겠네요. 그 결과가 불법파견인지 준법도급인지를 예측하기 위해서는."

"네, 맞습니다. 그 진단 결과를 AI 분석모델에 적용하면 인공지능이 그 사업장은 불법파견인지 준법도급인지를 예측해 주기 때문에 진단 체크리스트를 통한 사업장 진단이 필요합니다. 제가 신규 사업장인 우리 울산2공장을 대상으로 진단 체크리스트로 실제 진단을 해보았습니다."

49. 진단 체크리스트 사업장 진단 결과

구분	진단 체크리스트		결과
업무상 상당한 지휘 · 명령 여부	1	원청이 협력사 직원들이 제공하는 노무과정에 관하여 직접적이고 구체적인 지휘/감독을 행하는지(SNS, 공문, 전화, 문자, 구두, 메신저, 간담회 등)	1 (Yes)
	2	원청직원이 협력사 직원에게 작업오류에 대해서 즉각적으로 수정을 지시하는지	0 (No)
	3	원청이 전산관리시스템을 통하여 작업의 구체적인 내용(대상, 순서, 지점 등)을 결정한 후 협력사 직원에게 전달, 그 내용에 따라 작업하는지	1 (Yes)
…	…	…	…
계약목적 달성을 위해 필요한 기업의 조직, 설비 보유 여부	99	협력사의 직원수가 상당한 규모(283명 이상)인지	0 (No)
	100	협력사 직원들은 원청직원 노조와 별도의 노조를 결성하여 협력업체와 단체협약을 체결하는지	0 (No)

“100개의 진단 체크리스트 항목을 가지고 울산2공장을 진단한 결과 각 항목별로 해당이 될 때는 1을, 해당하지 않았을 때 0으로 체크한 것이군요.”

“네, 맞습니다. 팀장님.”

“아, 그러면 김 대리. 지금 이렇게 진단한 결과를 AI 분석모델로 예측하기 위해서는 오렌지에 반영시켜야 하고 반영시키기 위해서는 우리가 판례에서 학습용 데이터를 변환할 때처럼 엑셀로 변환작업을 해야 하는 건가요?”

“네, 맞습니다. 팀장님. 정확하게 이해하셨습니다. 진단 체크리스트로 울산2공장을 진단한 결과를 평가(예측)용 엑셀 데이터로 다음와 같이 만들어 줘야 합니다.”

“대리님. 평가용 데이터와 예측용 데이터라는 용어가 잘 이해가 안 됩니다. 학습용 데이터는 AI를 학습시키는 데이터라고 이해가 되는데.”

“아, 네. AI 분석모델을 가지고 예측하고 평가하는데 사용되기 때문에 예측용 데이터, 평가용 데이터라고 부르는 것입니다.”

“아, 그렇군요. 이해했습니다. 그리고 대리님, 또 질문이 있는데요. 이전 학습용 데이터와는 평가(예측)용 데이터가 좀 형식이 다르네요?”

50. 학습용 데이터와 평가(예측)용 데이터 비교

【학습용 데이터】

NO	판결	진단항목1	진단항목2	진단항목3	진단항목4	진단항목5	…	진단항목99	진단항목100
1	불법파견	0	1	0	0	0	…	0	0
2	불법파견	0	0	0	0	0	…	0	0
3	불법파견	0	0	1	0	0	…	0	0
4	불법파견	1	0	1	0	0	…	0	0
5	불법파견	1	1	0	0	0	…	0	0
6	불법파견	0	0	0	0	0	…	0	0
7	불법파견	1	0	0	0	0	…	0	0
8	불법파견	0	0	0	0	0	…	0	0
9	불법파견	0	1	0	0	0	…	0	0
10	불법파견	1	0	0	0	0	…	0	0
…	…	…	…	…	…	…	…	…	…
41	준법도급	0	0	0	0	0	…	0	0
42	준법도급	0	0	0	0	0	…	0	0
43	준법도급	0	0	0	0	0	…	0	0

【평가(예측)용 데이터】

진단항목1	진단항목2	진단항목3	진단항목4	진단항목5	…	진단항목97	진단항목98	진단항목99	진단항목100
1	0	1	0	0	…	1	0	0	0

"학습용 데이터는 판례에서 도출한 100개의 진단 체크리스트 항목을 가지고 대법원 최종심 판례 43개가 각각 어떤 항목들에 해당하는지를 체크한 후 데이터화하여 AI 분석모델을 학습시키는 데이터라면 평가(예측)용 데이터는 100개의 진단 체크리스트 항목을 가지고 울산2공장을 진단한 결과를 AI 분석모델이 어떻게 예측할지를 보기 위한 데이터입니다. 그래서 학습용 데이터에는 판결이 포함되어 있으나 평가(예측)용 데이터에는 판결이 포함되어 있지 않는 거고요."

"아, 판결이 포함되어 있지 않는 이유는 AI 분석모델이 평가(예측)용 데이터를 인공지능으로 예측해서 예측 결과가 나오기 때문인 거네요?"

"네, 맞습니다."

"아, 김 대리. 이것이 바로 우리 팀이 하는 도급 리스크 진단에 인공지능을 적용하는 가장 중요한 절차겠군요. 그러면 오렌지에서 울산2공장 진단 예측 결과가 불법파견인지 준법도급인지를 어떻게 확인할 수 있죠?"

"네, 팀장님. 오렌지에서 설명드리겠습니다."

51. Predictions 위젯 연결

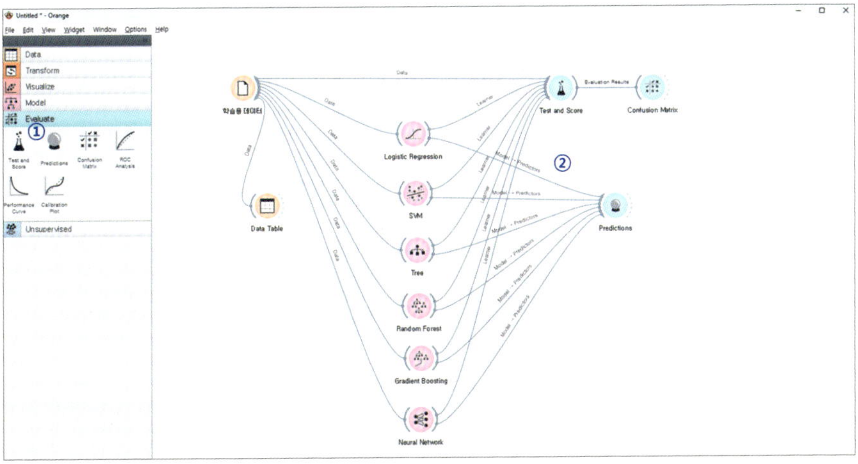

"여기에서는 학습된 인공지능을 활용하여 예측하는 위젯을 활용하는데요. 바로 그것이 Predictions 위젯입니다. Evaluate 열에 있는 Predictions 위젯을 드래그(①)하여 캔버스로 이동시킵니다. 그리고 AI 분석모델 6개를 각각 Predictions 위젯과 연결(②)해 줍니다."

"그다음은 평가(예측)용 데이터를 Predictions 위젯과 연결을 시켜줘야 하는데요…."

"대리님, 그러면 Data 열에 있는 File 위젯이 필요할 것 같은데요? 학습용 데이터를 오렌지에 적용할 때도 File 위젯을 사용했으니까요."

52. 평가(예측)용 데이터 적용

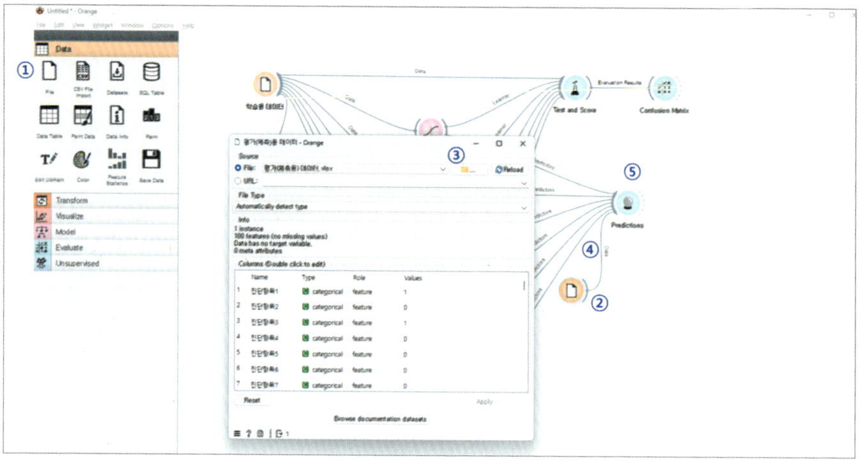

"우주 씨는 분명 AI 신입사원이 맞습니다. 어떻게 그걸 기억하고 계시죠? 하하. 맞습니다. 학습용 데이터를 반영했을 때와 마찬가지로 Data 열에 있는 File 위젯을 드래그(①)하여 캔버스로 이동시켜 줍니다. 그리고 File 위젯을 더블클릭(②)하여 Source에서 폴더를 클릭(③)하여 PC에 저장된 평가(예측)용 데이터를 오렌지에 반영시켜 주면 됩니다."

"그리고 File 위젯 명을 마우스 우측 버튼을 클릭하여 Rename을 선택하여 평가(예측)용 데이터로 변경한 후에 평가(예측)용 데이터 위젯과 Predictions 위젯을 연결(④)한 후에 Predictions 위젯을 더블클릭(⑤)하여 예측 결과를 확인합니다."

"와우. 이제 드디어 AI가 도급 리스크 진단 결과를 예측하게 되는 건가요? 하하. 긴장됩니다."

"네, 팀장님. 그럼, 결과를 보여 드리겠습니다."

53. AI 분석모델 진단 결과 예측

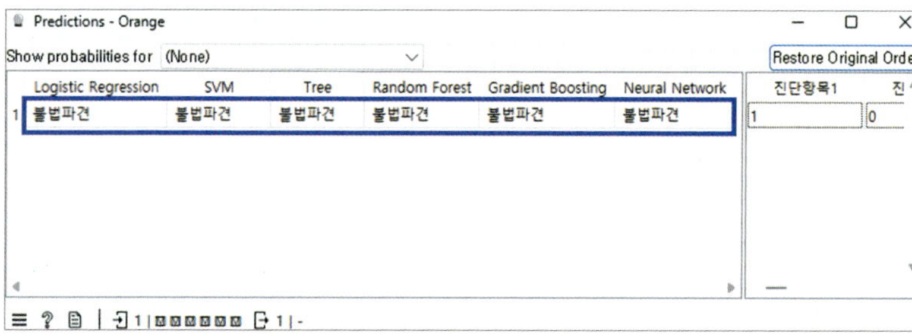

"아, 울산2공장이 불법파견으로 예측되었네요."

"네, 맞습니다. 팀장님. Predictions 위젯으로 예측한 결과값을 보시면 6개 모델이 모두 불법파견이라고 예측합니다. 울산2공장을 진단 체크리스트 100개 항목으로 진단한 결과가 불법파견이라는 것입니다. 불법파견이냐 준법도급이냐는 실제 근로자지위확인소송이 제기된 후에 법원 재판부에서 결정하는 것이지만 인공지능을 활용하면 판결 전에 이렇게 예측할 수 있습니다."

"정말 대단하네요. 인공지능이 이렇게 예측해 주다니…. 알겠습니다. 그러면 김 대리. 이렇게 예측 결과가 불법파견으로 나왔으면 준법도급으로 전환시켜야 되는데 어떻게 하면 되나요?"

2) 진단 체크리스트 항목별 예측 결과 영향도 분석

"팀장님께서 말씀하신 대로 우리는 불법파견 예측 결과를 준법도급으로 전환을 시켜야 합니다. 전환을 시키기 위해서는 진단 체크리스트 항목 개선이 필요한데 어떤 항목을 개선해야 하는지를 오렌지에서 확인할 수 있습니다."

"우와, 그런 기능이 오렌지에 있다고요?"

"네, 우주 씨. 오렌지는 진단 체크리스트 항목별로 예측 결과에 미치는 영향도를 보여 줍니다. 바로 랭크Rank 위젯인데요. 랭크 위젯은 데이터 변수의 관련성을 기준으로 중요도 순위를 지정하는 역할을 수행합니다. 이 위젯을 통해서 목표(종속)변수와 관련성이 높은 변수를 확인할 수 있습니다."

"아, 목표(종속)변수인 불법파견인지 준법도급인지에 영향을 많이 주는 변수 즉, 진단 체크리스트 항목을 확인이 가능하다는 거죠? 랭크 위젯은 어떻게 사용하나요?"

54. 랭크(Rank) 위젯 연결

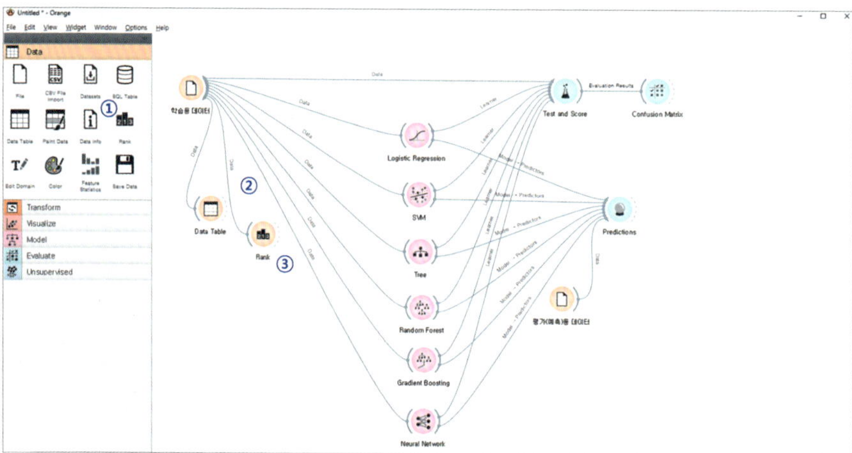

"네, 팀장님. Data 카테고리에 있는 랭크 위젯을 드래그(①)하여 캔버스로 이동시킨 다음 학습용 데이터 위젯과 연결(②)해 줍니다. 그 후에 랭크 위젯을 더블클릭(③)하면 진단 체크리스트 항목별로 예측 결과에 미치는 영향도를 확인할 수 있습니다."

55. 진단 체크리스트 항목별 예측 결과 영향도

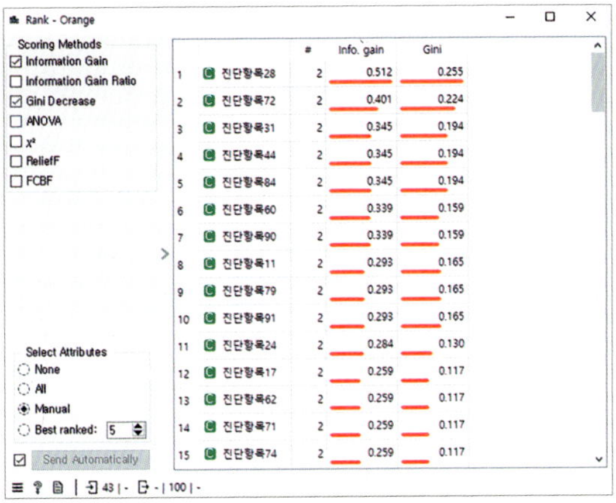

"좌측 편에 있는 Scoring Methods는 랭크(순위)를 채점하는 방법입니다. 각 방법별 주요 내용은 다음과 같습니다."

56. Rank 위젯 Scoring Methods 개념

Scoring Methods	개념
Information Gain	· 예상 정보량(엔트로피 감소)
Information Gain Ratio	· Information Gain과 개별의 고유 정보의 비율
Gini Decrease	· 데이터의 통계적 분산 정도를 정량화 하여 불순도를 측정
ANOVA	· 서로 다른 범주에 있는 개체의 평균 변수 간의 차이
χ^2	· 카이제곱 통계량에 의해 정정되는 개체와 범주 간의 종속성
ReliefF	· 유사한 데이터 거리의 범주를 구별할 수 있는 속성의 기능
FCBF	· 개체별 쌍별 상관관계로 인한 중복도 식별

"아, 대리님. 무슨 말인지 모르겠습니다. 통계학 용어인 것 같기도 하고. 그런데 이것에 대한 모든 개념을 저희가 알아야 하는 건 아니죠? 오렌지는 우리한테 그런 부담을 주지는 않을 것 같습니다. 하하."

"네, 우주 씨. 맞습니다. 개념 전부를 이해하실 필요는 없습니다. 오렌지에서 디폴트로 설정되어 있는 Information Gain(정보이득)과 Gini Decrease(지니불순도감소)에 대해서만 설명드릴게요. 먼저 정보이득은 데이터의 엔트로피 즉, 복잡성을 구한 다음에 이 값을 활용하여 목표(종속)변수 즉, 불법파견인지 준법도급인지를 더 잘 구분될 수 있도록 엔트로피를 감소시켜 주는 정보량을 의미합니다. 정보이득 값이 클수록 예측 결과에 미치는 영향도가 크다고 볼 수 있고요. 지니불순도감소는 데이터의 통계적 분산 정도를 정량화하여 불순도를 측정한 후, 불순도를 낮추는데 기여한 정도를 측정하는데요. 지니불순도감소가 클수록 예측 결과에 미치는 영향도가 크다고 볼 수 있습니다."

"그러면 김 대리. 진단 체크리스트 항목 28번이 예측 결과에 미치는 영향도가 가장 큰 것인가요?"

"네, 맞습니다. 팀장님. Information Gain(정보이득) 순서로 28번이 예측결과에 미치는 영향도가 가장 높고 87번이 가장 낮습니다."

"아, 이렇게 진단 체크리스트 항목별로 예측 결과에 미치는 영향도가 나오는군요. 다시 한번 AI의 대단함을 느낍니다. 그러면 김 대리, 예측 결과에 미치는 영향도가 높은 순서대로 개선한다면 예측 결과를 불법파견에서 준법도급으로 전환을 시킬 수 있을 것 같은데요?"

3) 진단 체크리스트 항목 개선

"네, 맞습니다. AI 분석모델 예측 결과 불법파견으로 나왔을 때는 예측 결과에 미치는 영향도가 큰 체크리스트 항목 순서대로 개선하여 준법도급으로 예측을 전환해야 합니다."

57. 진단 체크리스트 항목 개선

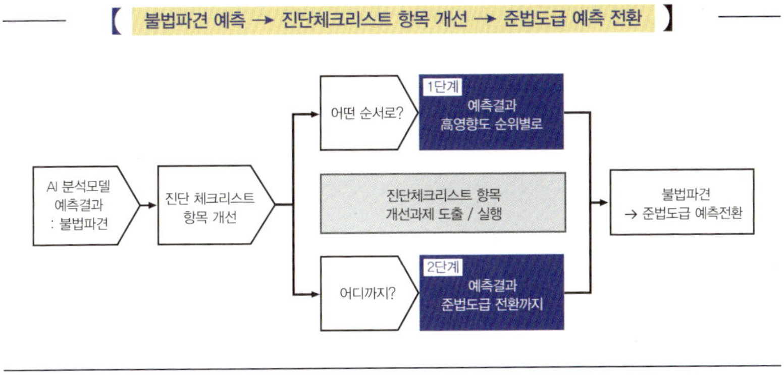

"대리님, 진단 체크리스트 항목을 개선한다는 말이 어떤 의미인가요?"

"네, 우주 씨. 단계별로 하나씩 설명드리겠습니다. 먼저 예측 결과에 미치는 영향도가 가장 큰 체크리스트 항목이 무엇이었죠?"

"28번입니다."

"네, 맞아요. 진단 체크리스트 28번. 협력사 직원이 원청직원들과 전후에 배치되어 유기적인 일체로 작업하는지입니다. 최초 진단 결과는 해당한다고 즉, 협력사 직원이 원청직원들과 유기적인 일체로 작업을 했는데 그렇지 않게 개선해야 합니다."

58. 진단 체크리스트 항목 개선 1단계 : 개선과제 도출/실행

1단계 예측결과 高영향도 순위별로 진단 체크리스트 항목 개선

순위	진단 체크리스트		진단	
			최초	개선
1순위	28	협력사 직원이 원청직원들과 전후에 배치되어 유기적인 일체로 작업하는지	1 (Yes) →	0 (No)

개선과제 도출/실행

"그러면 김 대리. 우리가 지금 하는 개선과제를 도출해서 실행이 되어야 한다는 말이네요. 인공지능을 통해서 저절로 개선된다는 것이 아니라?"

"하하, 팀장님. 아직까지 AI가 그렇게까지 만능은 압니다. 인공지능이 적용되더라도 우리가 개선과제를 도출해서 현업부서와 함께 실행해야 합니다. 그래야지만이 현장이 개선되고 리스크가 낮아지게 되는 거니까요."

"그렇군요. 저는 AI가 알아서 스스로 개선을 다 해줘서 우리 팀이 할 일이 없어지는 것 아닌지 걱정했거든요. 그런 게 아니라니 다행이기도 하고요."

"네, 팀장님. 개선과제 도출 및 실행까지 다 해주면 너무 좋겠지만. 추진배경에서 말씀드린 것처럼 전체 개선과제를 다 실행할 필요없이 특정 개선과제에 선택과 집중을 해야 하는지에 대한 해답을 바로 인공지능이 해주는 것입니다. 그 자체가 우리 팀에게 엄청난 효율을 가져다 주는 것이고요."

"네, 알겠어요. 김 대리. 개선과제를 도출해서 실행하였다면 그 개선이 예측 결과에 어떻게 영향을 미치는지를 알아봐야 할 것 같은데요. 진단 체크리스트 28번을 개선했을 때 예측 결과에 미치는 영향도가 가장 높아서 불법파견의 예측 결과가 한 번에 바로 준법도급으로 전환이 될 수도 있지 않을까요?"

"하하, 팀장님. 한 번에 바로 준법도급으로 전환이 될까요? 개선과제를 도출하고 실행한 결과가 예측 결과에 어떻게 영향을 미치는지 평가(예측)용 데이터에 반영해서 알아보겠습니다."

59. 진단 체크리스트 항목 개선 1단계 : 평가(예측)용 데이터 반영

① 평가(예측)용 데이터 1차 개선

[최초]

진단항목1	진단항목2	…	진단항목28	…	진단항목99	진단항목100
1	0	…	1	…	0	0

[개선1차]

진단항목1	진단항목2	…	진단항목28	…	진단항목99	진단항목100
1	0	…	0	…	0	0

② AI 분석모델 평가(예측)용 개선 데이터 로딩 → 예측결과 확인

"최초 진단 후에 평가(예측)용 데이터에는 진단 체크리스트 항목 28번이 1로 체크된 걸 확인할 수 있습니다. 즉, 협력사 직원과 원청직원들이 유기적인 일체를 이루고 작업을 하고 있었다는 것이죠. 이를 개선하기 위해 혼재 근무를 개선한다거나 연계 작업을 분리한다는 등의 개선과제를 도출해서 실행하면 유기적인 일체로 작업하지 않게 되어서 개선이 완료됩니다. 그렇게 되면 28번은 0으로 체크가 되어 평가(예측)용 데이터에 반영되게 됩니다."

"아, 대리님. 개선과제를 도출해서 실행을 완료해야지만 되는 것이네요."

"네, 맞아요. 우주 씨. 인공지능이 도급 리스크 진단에 도입이 된다고 하여서 개선과제를 AI가 스스로 도출해 주고 실행해 주지는 않습니다. 지금처럼 현업과 우리가 해야 합니다."

"하하. 그렇네요. 대리님. 저는 또 송 팀장님께서 걱정하셨던 것처럼 저도 AI가 전부 다 해주는 줄 알고. 제가 너무 쉽게 가려고 했던 것 같네요. 하하. 그러면 28번을 개선하고 평가(예측)용 데이터에 반영하여서 오렌지로 다시 예측해 보아야 하겠네요?"

60. 진단 체크리스트 항목 개선 1단계 : 평가(예측)용 데이터 오렌지 반영

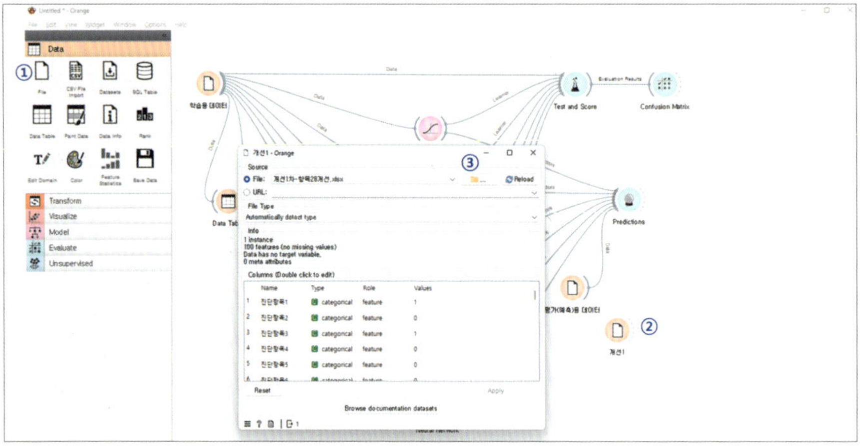

"네, 맞습니다. Data 열에 있는 File 위젯을 드래그(①)하여 캔버스로 이동시킨 후에 위젯 명을 '개선1'로 변경(②)합니다. 왜냐하면 준법도급으로 전환될 때까지 영향도가 큰 순서대로 진단 체크리스트 항목을 개선하기 때문에 그 개선이 반영된 위젯을 표현해 두는 것이 이후에 확인하기 좋기 때문입니다. 이전에 File 위젯에 데이터를 반영한 것과 동일하게 '개선1' 위젯을 더블클릭하여서 Source file에서 '개선1차-항목28개선' 파일을 선택(③)해서 불러옵니다."

"아, 김 대리님. 그러면 '개선1차-항목28개선'파일이 진단 체크리스트 항목 28번의 1을 0으로 변경한 파일이군요?"

"네, 맞아요. 우주 씨. 그래야지만이 개선 결과가 반영되고 또 그것을 AI 분석모델로 예측할 수 있습니다."

"아하. 그렇군요. 그러면 개선1 위젯을 Predictions 위젯과 연결하면 28번 항목이 개선된 결과를 볼 수 있겠네요?"

"팀장님. 우리 우주 씨는 분명 AI 신입사원이 맞는 것 같습니다. 어떻게 이렇게 이해를 잘하는지. 하하."

"김 대리, 제가 옆에서 같이 들어봐도 우주 씨의 AI 프로젝트에 대한 이해도가 완벽한 수준으로 올라온 것 같네요. 우리 김 대리와 비슷한 수준으로. 하하."

61. 진단 체크리스트 항목 개선 1단계 : 개선1 오렌지 예측

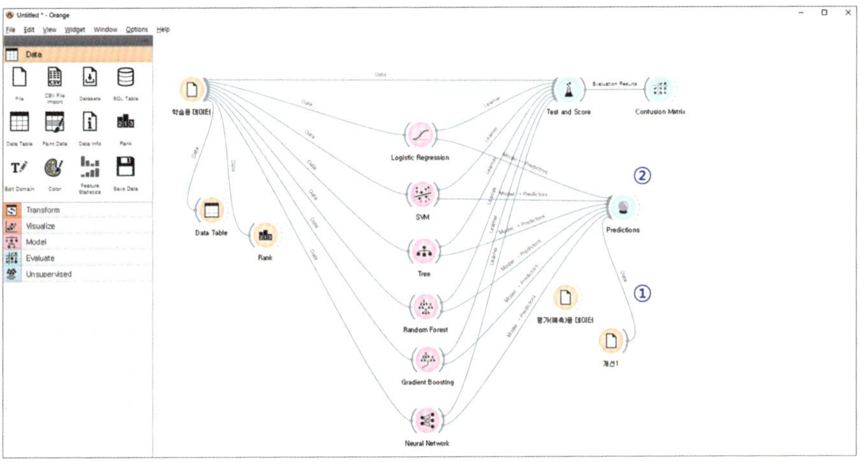

"우주 씨가 말한 것처럼 '개선1' 위젯을 Predictions 위젯과 연결(①)해 줍니다. 그러면 기존에 평가(예측)용 데이터와 Predictions 위젯과 연결은 해제가 됩니다. 진단 체크리스트 28번을 개선한 결과를 예측하기 위해서죠. 그 개선 결과 어떻게 AI 분석모델이 도급 리스크를 예측하였는지를 확인하기 위해서는 다시 Predictions 위젯을 더블클릭(②)해 줍니다."

62. 진단 체크리스트 항목 개선 1단계 : 개선1 오렌지 예측 결과

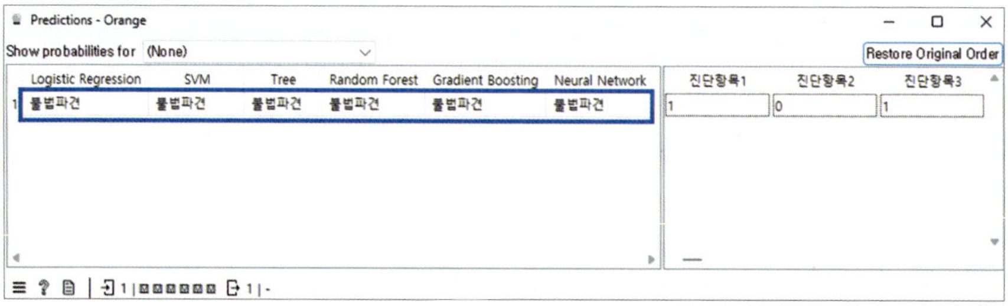

"아, 28번을 개선하여도 AI 분석모델 6개 모두가 불법파견으로 예측했네요."

"네, 맞습니다. 팀장님. 28번이 예측 결과에 미치는 영향도가 가장 큰 진단항목이지만 그것 하나만 개선한다고 불법파견이 준법도급으로 예측이 전환되지 않는다는 것을 우리는 확인할 수 있습니다."

"그러면, 대리님. 다음은 예측 결과에 미치는 영향도가 두 번째로 높은 진단 체크리스트 항목을 개선해야겠네요? 영향도가 제일 높은 28번을 개선했는데도 준법도급으로 예측 결과가 바뀌지 않았으니까요."

63. 진단 체크리스트 항목 개선 1단계 : 개선 2

③ 평가(예측)용 데이터 2차 개선

[최초]

진단항목1	진단항목2	…	진단항목28	…	진단항목99	진단항목100
1	0	…	1	…	0	0

[개선1차]

진단항목1	…	진단항목28	…	진단항목72	…	진단항목100
1	…	0	…	0	…	0

▼

순위	진단 체크리스트 항목		진단	
			최초	개선
2순위	72	원청의 업무와 협력사의 업무가 구분/구별되는지	0 →	1

개선과제 도출/실행

[개선2차]

진단항목1	…	진단항목28	…	진단항목72	…	진단항목100
1	…	0	…	1	…	0

④ AI 분석모델 평가(예측)용 개선 데이터 로딩 → 예측결과 확인

"네, 맞아요. 우주 씨. 진단 체크리스트 항목 중 예측 결과에 미치는 영향도가 두 번째인 항목은 바로 72번 원청의 업무와 협력사의 업무가 구분/구별되는지입니다. 최초 진단을 했을 때는 0으로 체크되었는데 즉, 원청의 업무와 협력사의 업무가 구별되지 않았다는 거죠. 원하청 간의 업무가 구별되지 않으면 그것은 불법파견으로 판단될 수 있는 부정적 징표로 작용합니다. 그래서 원하청 간의 업무가 구별될 수 있는 개선과제를 도출해서 실행하게 되면 1로 체크를 할 수 있습니다."

"이 역시 우리가 개선과제를 도출해서 현업부서와 함께 실행해야 하는 거고요."

“네, 맞습니다. 팀장님. AI가 개선과제까지 도출해 주지 않기 때문에 개선과제의 도출과 실행은 우리 팀과 현업부서가 함께 해야 합니다. 72번 항목을 개선한 결과를 평가(예측)용 데이터에 반영해서 개선1과 같은 방법으로 오렌지에 반영해서 결과를 확인할 수 있습니다.”

“그러면, 김 대리. 예측 결과에 미치는 영향도가 높은 진단 체크리스트 항목 순서대로 준법도급까지 예측 결과가 전환될 때까지 개선하는 것이겠네요?”

“네, 맞습니다. 팀장님.”

64. 진단 체크리스트 항목 개선 2단계

2단계 예측결과 준법도급 전환까지 진단 체크리스트 항목 개선

구분	개선차수																									AI 분석 모델					
	1	2	3	4	5	6	7	8	9	10	11	12	13	14	15	16	17	18	19	20	21	22	23	24	25	Logistic Regression	SVM	Tree	Random Forest	Gradient Boosting	Neural Network
진단 체크리스트 항목 번호	28																									불법파견	불법파견	불법파견	불법파견	불법파견	불법파견
	28	72																								불법파견	불법파견	불법파견	불법파견	불법파견	불법파견
	28	72	31																							불법파견	불법파견	불법파견	불법파견	불법파견	불법파견
	28	72	31	44																						불법파견	불법파견	불법파견	불법파견	불법파견	불법파견
	28	72	31	44	84																					불법파견	불법파견	불법파견	불법파견	불법파견	불법파견
	28	72	31	44	84	60																				불법파견	불법파견	불법파견	준법도급	불법파견	불법파견
	28	72	31	44	84	60	90																			불법파견	불법파견	불법파견	준법도급	불법파견	불법파견
	28	72	31	44	84	60	90	11																		불법파견	불법파견	불법파견	준법도급	불법파견	불법파견
	28	72	31	44	84	60	90	11	79																	불법파견	준법도급	불법파견	준법도급	불법파견	불법파견
	28	72	31	44	84	60	90	11	79	91																불법파견	준법도급	불법파견	준법도급	불법파견	불법파견
	28	72	31	44	84	60	90	11	79	91	62															불법파견	준법도급	준법도급	준법도급	준법도급	불법파견
	28	72	31	44	84	60	90	11	79	91	62	71														불법파견	준법도급	준법도급	준법도급	준법도급	불법파견
	28	72	31	44	84	60	90	11	79	91	62	71	80													불법파견	준법도급	준법도급	준법도급	준법도급	불법파견
	28	72	31	44	84	60	90	11	79	91	62	71	80	30												불법파견	준법도급	준법도급	준법도급	준법도급	불법파견
	28	72	31	44	84	60	90	11	79	91	62	71	80	30	49											준법도급	준법도급	준법도급	준법도급	준법도급	불법파견
	28	72	31	44	84	60	90	11	79	91	62	71	80	30	49	75										준법도급	준법도급	준법도급	준법도급	준법도급	불법파견
	28	72	31	44	84	60	90	11	79	91	62	71	80	30	49	75	19									준법도급	준법도급	준법도급	준법도급	준법도급	불법파견
	28	72	31	44	84	60	90	11	79	91	62	71	80	30	49	75	19	66								준법도급	준법도급	준법도급	준법도급	준법도급	불법파견
	28	72	31	44	84	60	90	11	79	91	62	71	80	30	49	75	19	66	4							준법도급	준법도급	준법도급	준법도급	준법도급	불법파견
	28	72	31	44	84	60	90	11	79	91	62	71	80	30	49	75	19	66	4	15						준법도급	준법도급	준법도급	준법도급	준법도급	불법파견
	28	72	31	44	84	60	90	11	79	91	62	71	80	30	49	75	19	66	4	15	18					준법도급	준법도급	준법도급	준법도급	준법도급	불법파견
	28	72	31	44	84	60	90	11	79	91	62	71	80	30	49	75	19	66	4	15	18	32				준법도급	준법도급	준법도급	준법도급	준법도급	불법파견
	28	72	31	44	84	60	90	11	79	91	62	71	80	30	49	75	19	66	4	15	18	32	47			준법도급	준법도급	준법도급	준법도급	준법도급	불법파견
	28	72	31	44	84	60	90	11	79	91	62	71	80	30	49	75	19	66	4	15	18	32	47	64		준법도급	준법도급	준법도급	준법도급	준법도급	준법도급
	28	72	31	44	84	60	90	11	79	91	62	71	80	30	49	75	19	66	4	15	18	32	47	64	95	준법도급	준법도급	준법도급	준법도급	준법도급	준법도급

“지금 보시는 표는 제가 진단 체크리스트 항목을 영향도 순서로 개선을 한 후, 평가(예측)용 데이터에 반영하여 오렌지로 시뮬레이션한 결과를 정리한 것입니다. 영향도가 제일 높았던 28번을 개선한 결과를 반

영했을 때 6개의 AI 분석모델이 불법파견으로 예측한 것은 앞에서 설명해 드렸습니다. 그리고 2순위인 72번을 개선하고 평가(예측)용 데이터에 반영해 보니 역시 AI 분석모델 6개 모두가 불법파견으로 예측했습니다. 이와 같은 방법으로 예측 결과 영향도가 높은 순서대로 개선 차수를 진행해 보았는데요. 개선활동을 계속한 결과 6차수에서 Random Forest 모델이 불법파견에서 준법도급으로 예측결과가 전환되었습니다."

"6개의 모델 중에 1개의 모델이 예측결과가 전환되었네요. 진단 체크리스트 항목 28번, 72번, 31번, 44번, 84번, 60번, 총 6개를 개선한 결과네요."

"네, 맞습니다. 팀장님. 그런데 …."

"대리님, 잠시만요."

"네, 우주 씨. 말씀하세요."

"영향도가 높은 순서대로 진단 체크리스트 항목을 개선하는 것은 이해했습니다. 그런데 개선하다 보면 진단 체크리스트 항목을 개선할 필요가 없는 경우가 있을 것 같은데요?"

65. 진단 체크리스트 항목 개선 필요/불필요 항목

순위	진단 체크리스트		진단	
			최초	개선
11순위	24	원청이 협력사 직원들에 대한 작업배치, 작업내용을 변경하는지	0(No)	개선 불필요
12순위	17	현장대리인은 관리감독자의 역할이 크지 않고 원청의 지시받은 내용을 전달하는 수준인지	0(No)	개선 불필요
13순위	62	원청에서 협력사 직원을 대상으로 교육을 실시하였는지	1(Yes)	개선 필요

"네, 우주 씨. 정확하게 보셨습니다. 울산2공장을 진단 체크리스트로 진단한 결과 영향도 11순위인 24번 원청이 협력사 직원들에 대한 작업배치, 작업내용을 변경하는지에 대한 항목에는 0으로 체크되었습니다. 울산2공장에서는 협력사 직원들의 작업배치와 작업내용을 변경하지 않을 걸로 확인이 되었으니까요. 이런 경우에는 개선이 필요가 없는 거죠. 그러면 다음 영향도 순위인 항목을 개선하면 됩니다. 공교롭게도 영향도 12순위인 17번 현장대리인은 관리감독자의 역할이 크지 않고 원청의 지시받은 내용을 전달하는 수준인지에 대한 항목도 역시 0으로 체크되었습니다. 현장대리인의 역할을 제대로 수행하고 있어서 체크리스트 항목에 해당되지 않았던 거죠. 그래서 개선 11차수에는 영향도 순위 11번인 24번 항목과 영향도 순위 12번인 17번 항목이 개선과제에서 빠지고 영향도 순위 13번인 62번 항목이 반영되는 것입니다."

"진단 결과 개선할 필요가 없는 경우에는 다음 영향도 순위인 진단 체크리스트 항목을 개선한다. 알겠습니다. 대리님."

"계속해서 설명드리겠습니다. 개선6차수를 진행했을 때 Random Forest 모델이 준법도급으로 전환이 되었습니다. 6개의 모델 중 1개의 모델이 준법도급으로 예측했다고 해서 개선을 종료할 수 있을까요? 다시 말해서 불법파견 리스크가 제거되었다고 할 수 있을까요?"

"아무래도 6개 중 1개 모델이 준법도급으로 예측이 전환되었다 하더라도 불법파견 리스크는 제거되었다고 볼 수는 없을 것 같은데요?"

"네, 맞습니다. 팀장님. 그러면 6개의 모델이 모두 준법도급으로 예측하는 24차수의 개선을 다 해야 할까요? 아니면 100개의 진단 체크리스트 항목을 모두 개선해야 할까요?"

"100개 모두를 개선하는 것은 그것은 개선과제의 영향도에 따른 선택과 집중을 하겠다는 우리 팀의 최초 의도와는 달라서 그것 역시 비효율적일 것 같고요. 6개의 모델이 전부 준법도급으로 예측하게 되는 24차수까지 개선하는 것도 효율적이지 않을 것 같습니다. 11차수만 개선해도 6개 중 4개의 모델이 준법도급으로 예측해서 6개의 모델이 준법도급을 예측하는 것과 유의미한 차이는 없을 것 같습니다. 대리님."

"네, 우주 씨. 맞습니다. 그래서 팀장님, 우리 팀은 6개의 모델 중에 과반수인 4개 이상이 준법도급으로 예측이 전환될 때까지 진단 체크리스트 항목을 개선하면 어떨까 싶습니다."

"이것은 선택의 영역인 것 같네요. 인공지능 모델 중에 과반수가 불법파견에서 준법도급으로 예측이 전환될 때까지 진단 체크리스트 항목을 개선한다. 합리적인 기준인 것 같네요. 우리는 6개의 모델 중 과반 이상의 모델이 준법도급으로 전환되는 것을 개선으로 하겠습니다."

"네, 알겠습니다. 팀장님. 이렇게 되면 선택과 집중을 통해 개선과제 실행을 할 수 있어서 현업부서의 피로도도 줄일 수 있고 우리 팀의 개선과제 이행점검의 부담도 역시 개선할 수 있습니다."

"대단하네요. 김 대리. 지금까지 우리는 도급 리스크 현장 진단을 통해서 리스크가 있는 부분이 어디인지, 또 그것의 개선과제는 무엇인지를 모두 도출해서 현업에 개선해야 한다고 요청하고 이행점검을 해왔는데 인공지능을 도입하면 불법파견에서 준법도급으로 전환이 되는 개선과제만을 집중해서 실행할 수 있고 현업부서도 또 우리 팀도 효율적으로 리스크관리를 할 수 있을 것 같네요."

"네, 팀장님. 제가 DT 교육을 들을 때 바로 이 부분은 인공지능을 활용하면 개선할 수 있을 것 같다는 생각이 들었고요. 시뮬레이션해보니 예상했던 대로 결과가 나왔습니다."

"좋습니다. 인공지능을 도급 리스크 진단에 적용하면 어떤 효과가 있을까요? 그리고 이것을 업무에 적용하기 위해서는 해야 할 것들이 있을 것 같은데."

"네, 팀장님. 다음 장에서 인공지능 준법도급 관리를 하게 되면 어떤 기대효과가 있는지, 그리고 향후 계획까지 설명드리겠습니다."

인공지능 준법도급 관리

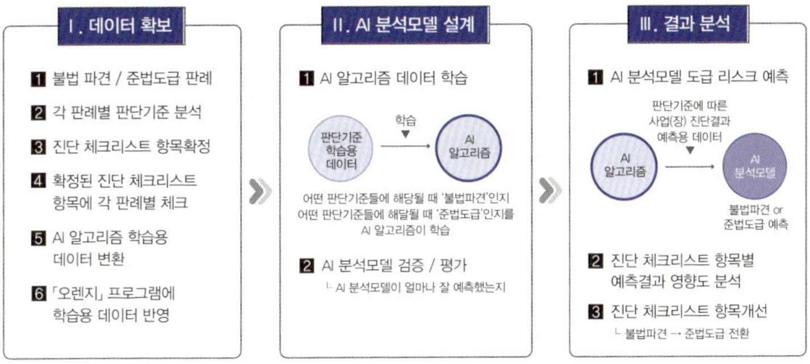

Ⅰ. 데이터 확보

1. 불법파견 / 준법도급판례

· 판례검색 포털 활용

· 검색어 : 근로자지위확인, 근로, 고용의사표시, 종업원지위확인

· 2007년부터 2023년까지 총 120여 개 판례를 대상으로 인공지능 시뮬레이션 적용

* 불법파견 80여 개, 준법도급 40여 개 / 대법원 40여 개, 하급심(1 · 2심) 80여 개

** 시뮬레이션 결과 신뢰성 판단 후, 전체 판례 확대 필요

2. 각 판례별 판단기준 분석

· 판례1의 판결 이유에서 진단 체크리스트 항목 도출

· 판례2에서 판례1과 다른 판결 이유를 통해 진단 체크리스트 항목 추가

· 위와 같은 방법으로 120여 개 판례의 판결 이유를 통해 판단기준 분석 후, 진단 체크리스트 항목 도출

· 유사한 판결 이유를 하나의 진단 체크리스트 항목으로 그룹화시키는 것이 중요

3. 진단 체크리스트 항목 확정

· 120여 개 판례분석 결과 100개의 진단 체크리스트 항목 확정

대법원 판단기준	세부 기준	진단 체크리스트 항목 수
1. 업무상 상당한 지휘명령 여부	원청의 직접 작업지시	20
	원청의 작업 방법 등 결정	3
	원청의 작업 배치권 행사	2
	원청의 작업량 결정	2
	1 소계	27
2. 원청 등 도급인의 사업에의 실질적 편입 여부	하나의 작업집단	12
	원청의 필수/상시업무 도급	3
	원청 결원 발생 시 대체	2
	2 소계	17
3. 인사노무 관련 결정, 관리 권한 행사 여부	원청의 인사권 행사	15
	협력사 작업/휴게시간 결정	2
	협력사 직원 교육훈련	4
	3 소계	21
4. 계약목적의 확정, 업무의 구별, 전문성/기술성 보유 여부	계약 업무 外 업무수행	5
	원청직원과 업무구별	3
	계약목적의 확정	6
	전문성/기술성 여부	9
	협력사 직원 업무 등 확정 여부	1
	4 소계	24
5. 계약목적 달성을 위해 필요한 조직, 설비 보유 여부	독립적 조직/설비 보유	4
	당사자 적격성	7
	5 소계	11
진단 체크리스트 항목 합계		100

4. 확정된 진단 체크리스트 항목에 각 판례별 체크

· 120여 개 판례별로 진단 체크리스트 항목을 판결 이유로 언급 시 '1'로, 미 언급 시 '0'으로 기재하여 더미변수화 시킴

* 더미변수dummy variable

: 1 또는 0만 가지는 값으로 어떤 특징이 존재하는지, 하지 않는지를 표시

: 특정한 하나의 카테고리 값인가 아닌가를 나타내는 지시자indicator

5. AI 알고리즘 학습용 데이터 변환

- 판례별로 체크된 진단 체크리스트 항목을 AI에게 학습을 시키기 위한 학습용 데이터Excel로 전환
- 진단 체크리스트 항목 1번부터 100번까지 어떤 항목들에 해당하고 해당하지 않을 때 불법파견인지 준법도급인지를 학습하기 위한 데이터

NO	판결	진단 항목1	진단 항목2	진단 항목3	진단 항목4	진단 항목5	…	진단 항목99	진단 항목100
1	불법파견	0	1	0	0	0	…	0	0
2	불법파견	0	0	0	0	0	…	0	0
3	불법파견	0	0	1	0	0	…	0	0
4	불법파견	1	0	1	0	0	…	0	0
5	불법파견	1	1	0	0	0	…	0	0
6	불법파견	0	0	0	0	0	…	0	0
7	불법파견	1	0	0	0	0	…	0	0
8	불법파견	0	0	0	0	0	…	0	0
9	불법파견	0	1	0	0	0	…	0	0
10	불법파견	1	0	0	0	0	…	0	0
…	…	…	…	…	…	…	…	…	…
41	준법도급	0	0	0	0	0	…	0	0
42	준법도급	0	0	0	0	0	…	0	0
43	준법도급	0	0	0	0	0	…	0	0

6. 오렌지 프로그램에 학습용 데이터 반영

- Data 카테고리에서 File 위젯을 캔버스로 드래그한 후 학습용 데이터 업로드

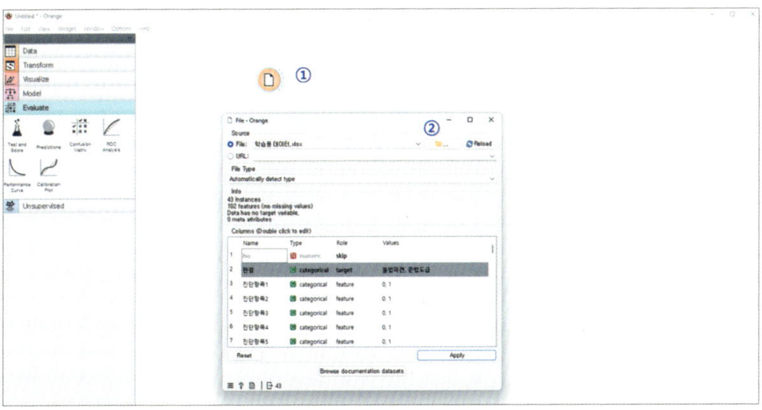

II. AI 분석모델 설계

1. AI 알고리즘 데이터 학습

1) 주요 알고리즘

구분	개 념	오렌지 모델
전통적 알고리즘	통계학 기법을 바탕으로 개발	선형 리그레션, 로지스틱 리그레션, 나이브 베이즈
머신러닝 알고리즘	학습을 통해 알고리즘 스스로 패턴/규칙 발견 후, 예측	서포트 백터 머신, 의사결정 트리, kNN
앙상블 알고리즘	여러 알고리즘을 결합하여 결과제공	랜덤 포레스트, 에이다부스트, 그래디언트 부스팅
딥러닝 알고리즘	인간의 뇌 구조와 기능에서 영감을 받은 알고리즘	SGD, Neural Network

2) AI 알고리즘 데이터 학습

· Model 카테고리에서 학습시키고자 하는 AI 분석모델을 캔버스로 드래그 이동

· 학습용 데이터를 각 모델과 연결하면 학습 완료

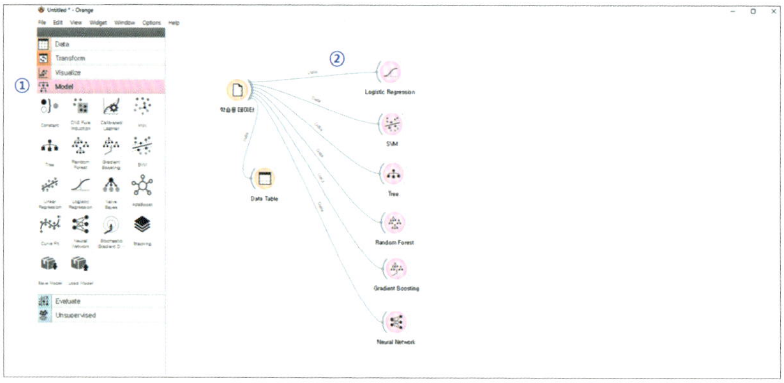

2. AI 분석모델 검증/평가

1) 성능평가 지표

· 학습용 데이터 학습 후, AI 분석모델이 얼마나 잘 예측했는지 성능평가 필요

지 표	주요 내용
정확도 (CA, Classification Accuracy)	■ 전체 사례 중, 실제와 예측이 같은 비율 $정확도 = \frac{TP + TN}{TP + TN + FP + FN}$
정밀도 (Precision) · 성능지표가 1에 가까울수록 AI 분석모델 성능이 우수	■ 예측이 Y인 것중에 실제가 Y인 경우의 비율 $정밀도 = \frac{TP}{TP + FP}$
재현율 (Recall)	■ 실제가 Y인 것 중에 예측이 Y인 경우의 비율 $재현율 = \frac{TP}{TP + FN}$
F1	■ 정밀도와 재현율의 조화평균, 정밀도와 재현율의 균형을 나타내는 수치 F1 = {2 × (정밀도 × 재현율)} ÷ (정밀도 + 재현율)
ROC 곡선 (Receiver Operating Characteristic) 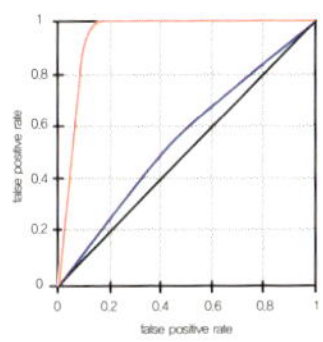	■ 모델이 긍정(찾고자 하는 것) / 부정으로 예측했을 때 얼마나 잘 맞추는 지를 측정하는 지표 ■ Y축 : TPR (True Positive Rate) ■ X축 : FPR (False Positive Rate) ■ ROC 곡선이 왼쪽 / 상단에 있을수록 모델의 성능은 우수 ■ ROC 곡선 면적으로 계산 = AUC (Area Under Curve) : 최대값 1 *AUC값이 1에 가까울수록 성능 우수

2) AI 분석모델 성능평가 결과

· Evaluate 카테고리에서 Test and Score 위젯을 캔버스로 드래그

· AI 분석모델 6개와 학습용 데이터 File 위젯을 연결

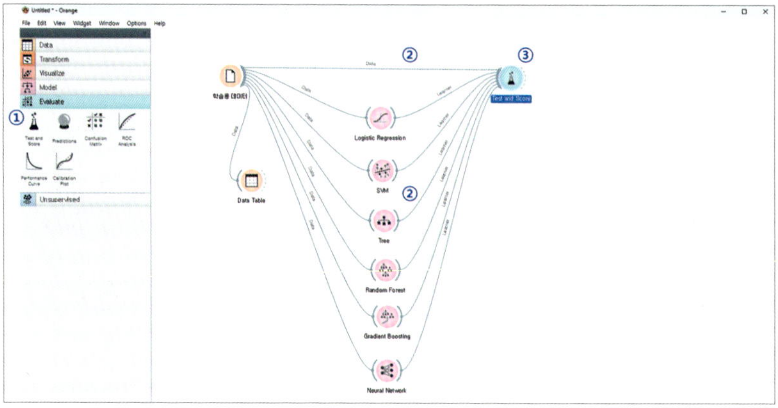

· 연결 완료 후 Test and Score 위젯 더블클릭하여 성능평가 결과 확인

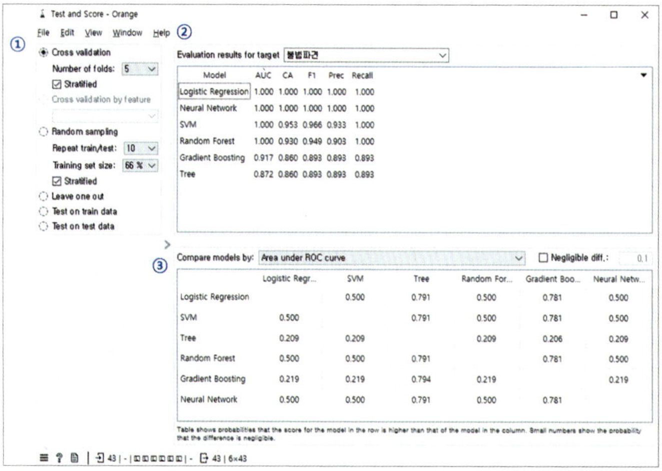

· 성능평가 지표 모두 거의 1에 가까운 값을 나타냄 = AI 분석모델 우수 = 도급 리스크 진단 활용 가능

Ⅲ. 결과분석

1. AI 분석모델 도급 리스크 예측

1) 확정된 진단 체크리스트 100개 항목으로 사업장 진단

구분		진단 체크리스트	결과
업무상 상당한 지휘 · 명령 여부	1	원청이 협력사 직원들이 제공하는 노무과정에 관하여 직접적이고 구체적인 지휘/감독을 행하는지(SNS, 공문, 전화, 문자, 구두, 메신저, 간담회 등)	1 (Yes)
	2	원청직원이 협력사 직원에게 작업오류에 대해서 즉각적으로 수정을 지시하는지	0 (No)
	3	원청이 전산관리시스템을 통하여 작업의 구체적인 내용(대상, 순서, 지점 등)을 결정한 후 협력사 직원에게 전달, 그 내용에 따라 작업하는지	1 (Yes)
⋮	⋮	⋮	⋮
계약목적 달성을 위해 필요한 기업의 조직, 설비 보유 여부	99	협력사의 직원수가 상당한 규모(283명 이상)인지	0 (No)
	100	협력사 직원들은 원청직원 노조와 별도의 노조를 결성하여 협력업체와 단체협약을 체결하는지	0 (No)

2) 사업장 진단 결과를 평가(예측)용 데이터로 전환

진단 항목1	진단 항목2	진단 항목3	진단 항목4	진단 항목5	…	진단 항목97	진단 항목98	진단 항목99	진단 항목100
1	0	1	0	0	…	1	0	0	0

3) 진단 결과가 불법파견인지 준법도급인지 AI 분석모델로 예측 실행

· Evaluate 카테고리에 있는 Predictions 위젯을 캔버스로 드래그하여 이동한 후 AI 분석모델 6개를 각각 Predictions 위젯과 연결

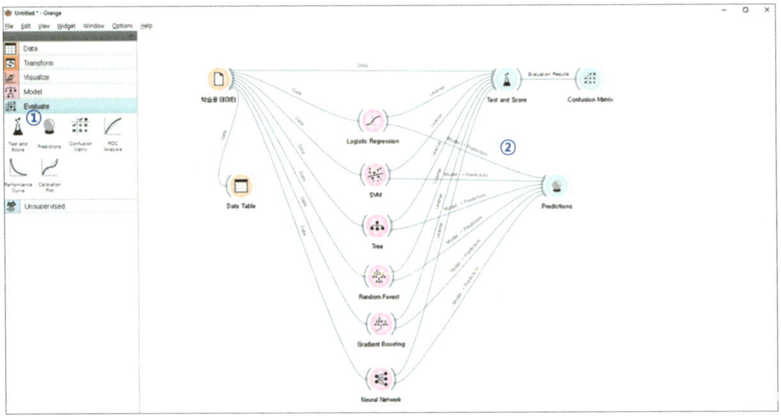

· Data 카테고리에 있는 File 위젯을 드래그하여 캔버스로 이동시킨 후 File 위젯을 더블클릭하여 PC 내에 있는 평가(예측)용 데이터 업로드

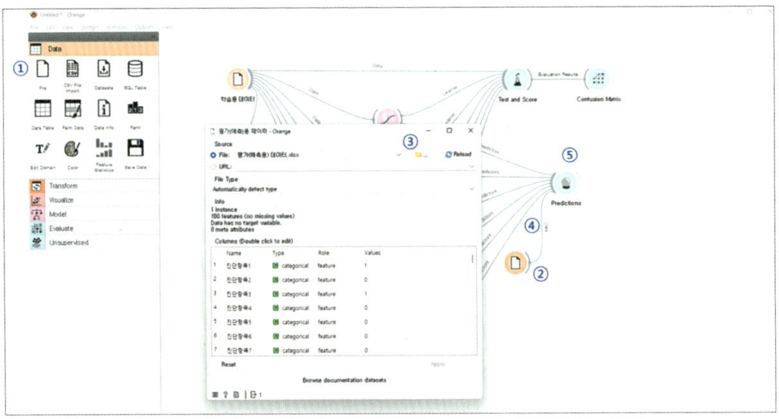

· File 위젯 명을 평가(예측)용 데이터로 변경한 후, 평가(예측)용 데이터 위젯과 Predictions 위젯과 연결하고 더블클릭하여 예측 결과 확인

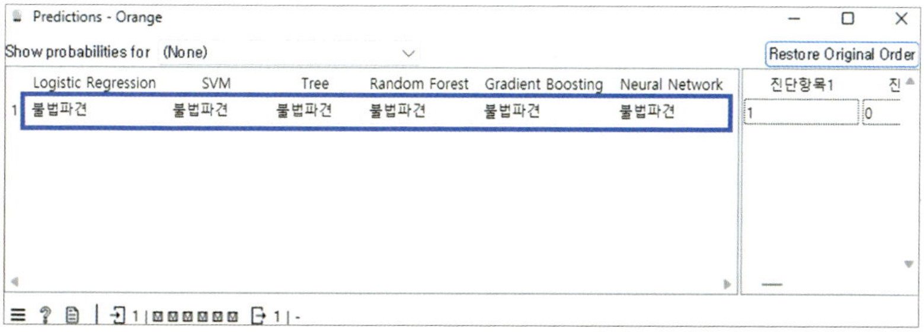

· 6개 AI 분석모델 모두 불법파견으로 예측

2. 진단 체크리스트 항목별 예측 결과 영향도 분석

1) Data 카테고리에 있는 Rank 위젯을 드래그하여 캔버스로 이동시킨 후 학습용 데이터 위젯과 연결

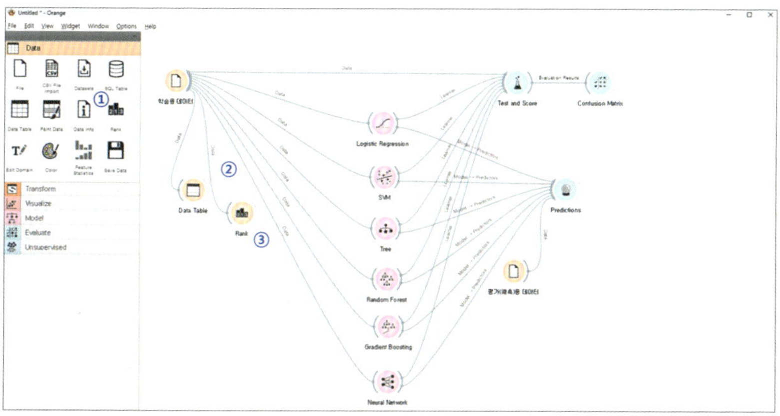

2) Rank 위젯을 더블클릭하여 진단 체크리스트 항목별 영향도 순위를 확인

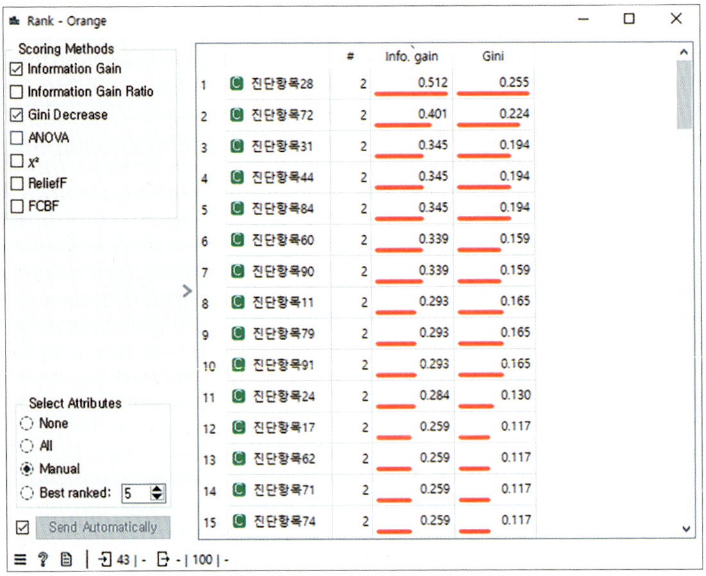

		#	Info. gain	Gini
1	진단항목28	2	0.512	0.255
2	진단항목72	2	0.401	0.224
3	진단항목31	2	0.345	0.194
4	진단항목44	2	0.345	0.194
5	진단항목84	2	0.345	0.194
6	진단항목60	2	0.339	0.159
7	진단항목90	2	0.339	0.159
8	진단항목11	2	0.293	0.165
9	진단항목79	2	0.293	0.165
10	진단항목91	2	0.293	0.165
11	진단항목24	2	0.284	0.130
12	진단항목17	2	0.259	0.117
13	진단항목62	2	0.259	0.117
14	진단항목71	2	0.259	0.117
15	진단항목74	2	0.259	0.117

3. 진단 체크리스트 항목 개선

【 불법파견 예측 → 진단체크리스트 항목 개선 → 준법도급 예측 전환 】

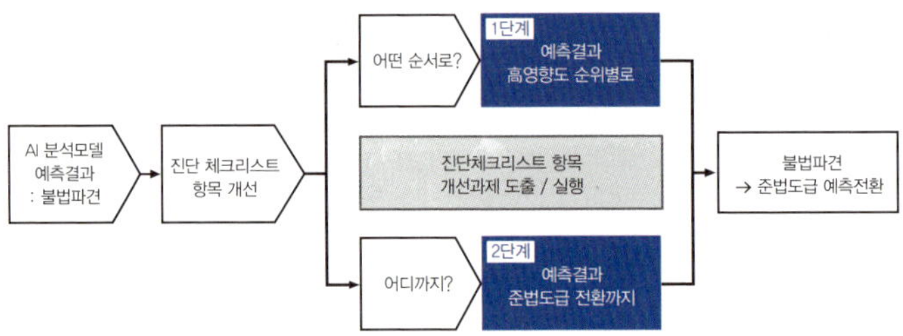

1) 1단계 : 예측 결과 高 영향도 진단 체크리스트 항목 순위별로 개선

1단계 예측결과 高영향도 순위별로 진단 체크리스트 항목 개선

순위	진단 체크리스트		진단 최초	진단 개선
1순위	28	협력사 직원이 원청직원들과 전후에 배치되어 유기적인 일체로 작업하는지	1 (Yes)	→ 0 (No)

개선과제 도출/실행

① 평가(예측)용 데이터 1차 개선

[최초]

진단항목1	진단항목2	…	진단항목28	…	진단항목99	진단항목100
1	0	…	1	…	0	0

[개선1차]

진단항목1	진단항목2	…	진단항목28	…	진단항목99	진단항목100
1	0	…	0	…	0	0

② AI 분석모델 평가(예측)용 개선 데이터 로딩 → 예측결과 확인

· Data 카테고리에 있는 File 위젯을 드래그하여 캔버스로 이동시킨 후, 진단 체크리스트 28번을 개선한 평가(예측)용 데이터를 File 위젯에 업로드

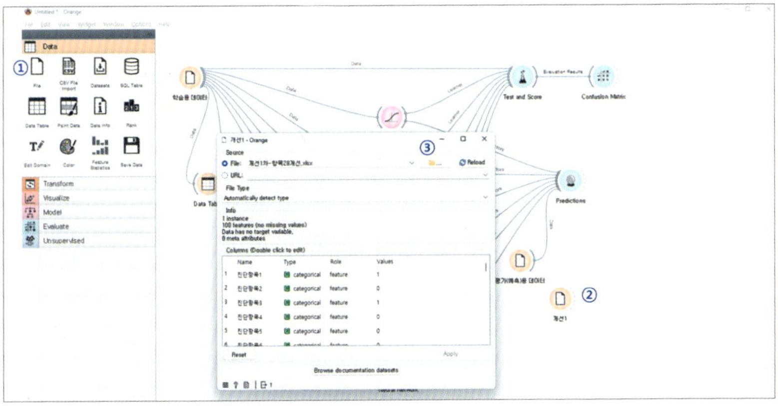

· 평가(예측)용 데이터 위젯 명을 개선1로 변경한 후, Predictions 위젯과 연결

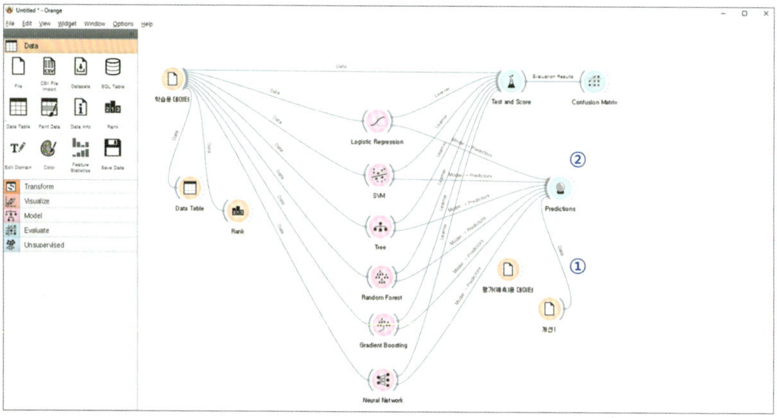

· Predictions 위젯을 더블클릭하여 개선 예측 결과 확인

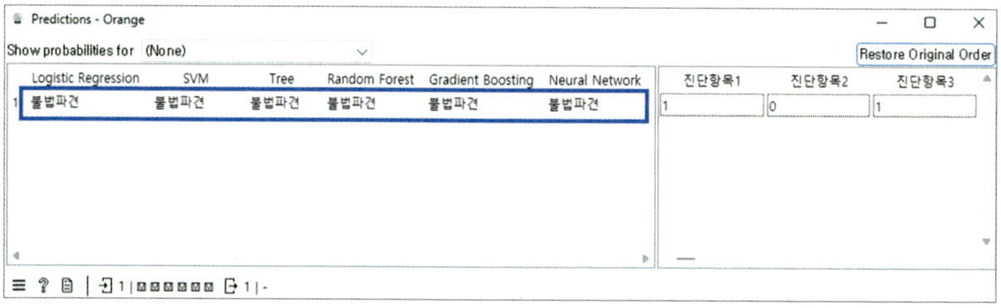

· 진단 체크리스트 항목 28번을 개선하였음에도 불구하고 6개의 AI 분석모델 모두 불법파견으로 예측

· 예측 결과 영향도 2순위인 진단 체크리스트 항목 72번 개선

③ 평가(예측)용 데이터 2차 개선

[최초]

진단항목1	진단항목2	…	진단항목28	…	진단항목99	진단항목100
1	0	…	1	…	0	0

[개선1차]

진단항목1	…	진단항목28	…	진단항목72	…	진단항목100
1	…	0	…	0	…	0

▼

순위	진단 체크리스트 항목		진단	
			최초	개선
2순위	72	원청의 업무와 협력사의 업무가 구분/구별되는지	0 →	1

개선과제 도출/실행

[개선2차]

진단항목1	…	진단항목28	…	진단항목72	…	진단항목100
1	…	0	…	1	…	0

④ AI 분석모델 평가(예측)용 개선 데이터 로딩 → 예측결과 확인

2) 2단계 : 예측 결과 준법도급 전환까지 진단 체크리스트 항목 개선

· 진단 체크리스트 항목 100개 전체가 아닌, AI 분석모델 모두가 준법도급 예측 전환이 되는 24개의 진단 체크리스트 항목 개선이 아닌, AI 분석모델의 과반수가 준법도급으로 전환이 되는 11개 개선과제만 개선

· 선택과 집중을 통한 효율적인 인공지능 준법도급 관리가 가능함

2단계 예측결과 준법도급 전환까지 진단 체크리스트 항목 개선

구분	개선차수																									AI 분석 모델					
	1	2	3	4	5	6	7	8	9	10	11	12	13	14	15	16	17	18	19	20	21	22	23	24	25	Logistic Regression	SVM	Tree	Random Forest	Gradient Boosting	Neural Network
진단 체크리스트 항목 번호	28																									불법파견	불법파견	불법파견	불법파견	불법파견	불법파견
	28	72																								불법파견	불법파견	불법파견	불법파견	불법파견	불법파견
	28	72	31																							불법파견	불법파견	불법파견	불법파견	불법파견	불법파견
	28	72	31	44																						불법파견	불법파견	불법파견	불법파견	불법파견	불법파견
	28	72	31	44	84																					불법파견	불법파견	불법파견	불법파견	불법파견	불법파견
	28	72	31	44	84	60																				불법파견	불법파견	불법파견	준법도급	불법파견	불법파견
	28	72	31	44	84	60	90																			불법파견	불법파견	불법파견	준법도급	불법파견	불법파견
	28	72	31	44	84	60	90	11																		불법파견	불법파견	불법파견	준법도급	불법파견	불법파견
	28	72	31	44	84	60	90	11	79																	불법파견	준법도급	불법파견	준법도급	불법파견	불법파견
	28	72	31	44	84	60	90	11	79	91																불법파견	준법도급	불법파견	준법도급	불법파견	불법파견
	28	72	31	44	84	60	90	11	79	91	62															불법파견	준법도급	준법도급	준법도급	준법도급	불법파견
	28	72	31	44	84	60	90	11	79	91	62	71														불법파견	준법도급	준법도급	준법도급	준법도급	불법파견
	28	72	31	44	84	60	90	11	79	91	62	71	80													불법파견	준법도급	준법도급	준법도급	준법도급	불법파견
	28	72	31	44	84	60	90	11	79	91	62	71	80	30												불법파견	준법도급	준법도급	준법도급	준법도급	불법파견
	28	72	31	44	84	60	90	11	79	91	62	71	80	30	49											준법도급	준법도급	준법도급	준법도급	준법도급	불법파견
	28	72	31	44	84	60	90	11	79	91	62	71	80	30	49	75										준법도급	준법도급	준법도급	준법도급	준법도급	불법파견
	28	72	31	44	84	60	90	11	79	91	62	71	80	30	49	75	19									준법도급	준법도급	준법도급	준법도급	준법도급	불법파견
	28	72	31	44	84	60	90	11	79	91	62	71	80	30	49	75	19	66								준법도급	준법도급	준법도급	준법도급	준법도급	불법파견
	28	72	31	44	84	60	90	11	79	91	62	71	80	30	49	75	19	66	4							준법도급	준법도급	준법도급	준법도급	준법도급	불법파견
	28	72	31	44	84	60	90	11	79	91	62	71	80	30	49	75	19	66	4	15						준법도급	준법도급	준법도급	준법도급	준법도급	불법파견
	28	72	31	44	84	60	90	11	79	91	62	71	80	30	49	75	19	66	4	15	18					준법도급	준법도급	준법도급	준법도급	준법도급	불법파견
	28	72	31	44	84	60	90	11	79	91	62	71	80	30	49	75	19	66	4	15	18	32				준법도급	준법도급	준법도급	준법도급	준법도급	불법파견
	28	72	31	44	84	60	90	11	79	91	62	71	80	30	49	75	19	66	4	15	18	32	47			준법도급	준법도급	준법도급	준법도급	준법도급	불법파견
	28	72	31	44	84	60	90	11	79	91	62	71	80	30	49	75	19	66	4	15	18	32	47	64		준법도급	준법도급	준법도급	준법도급	준법도급	준법도급
	28	72	31	44	84	60	90	11	79	91	62	71	80	30	49	75	19	66	4	15	18	32	47	64	95	준법도급	준법도급	준법도급	준법도급	준법도급	준법도급

Ⅳ

인공지능을 적용하면 어떤 효과가 있을까?

Ⅳ. 인공지능을 적용하면 어떤 효과가 있을까?

1. 기대효과

66. 인공지능 준법도급 관리 기대효과

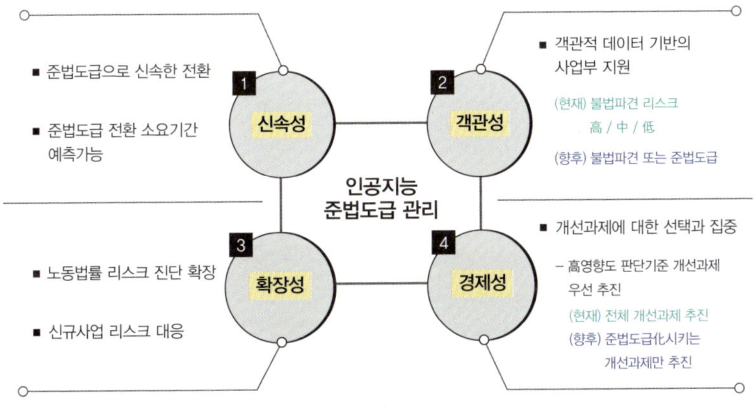

"인공지능을 준법도급 관리에 적용하면 기대효과는 크게 4가지 정도가 있을 것 같습니다. 먼저, 신속성입니다. 사업장 진단 결과 불법파견으로 예측이 되었다면 영향도가 높은 진단 체크리스트 항목 순서대로 개선하여서 신속히 준법도급으로 전환할 수 있고 또 언제 전환이 될 것인지 예측도 가능하게 됩니다."

"지금까지는 불법파견 리스크를 낮추기 위해서 개선과제를 도출해서 실행했는데 어디까지 개선해야 되는지 또 준법도급이 언제 되는지는 확인할 방법이 없었던 게 사실이죠. 왜냐하면 근로자지위확인 소송이 제기되고 법원 판결이 있기 전까지는 확인할 방법이 없으니까."

"네, 맞습니다. 팀장님. 그래서 인공지능을 도급 리스크관리에 적용하게 된 것이고요. 인공지능을 적용하면 준법도급으로 예측 전환이 될 때까지의 개선과제를 특정할 수 있고 그 개선과제들이 완료되면 준법도급으로 전환되는 시기도 저희가 알 수 있는 장점이 있습니다."

"알겠습니다. 다음 효과는 무엇인가요?"

"두 번째 효과는 객관성입니다. 실제 불법파견, 준법도급 판례를 기반으로 한 객관적인 데이터로 사업부를 지원할 수 있습니다."

"그런데 지금까지 우리가 만든 진단 체크리스트도 판례를 기반으로 도출해서 구성한 것이지 않나요? 지금도 객관성이 있다고 보이는데요."

"아, 팀장님. 맞습니다. 제가 여기서 말씀드린 객관성은 이런 의미입니다. 현재는 도급 리스크 진단한 결과를 리스크가 높다, 중간이다. 낮다고 고중저로 표현을 하지만 인공지능을 도급 리스크 진단에 활용하게 되면 불법파견이다, 준법도급이다라고 확정해서 결과를 제공할 수 있어서 객관성을 기대효과로 선정해 보았습니다."

"그렇죠. 판례를 기반으로 인공지능으로 준법도급인지 불법파견인지를 확실히 예측하여 정보를 제공해 주기 때문에 객관성은 현재보다는 높아질 것 같네요. 현업부서에서 받아 들이는 수용성도 높아질 것 같고요."

"네, 세 번째 기대효과는 확장성입니다."

"확장성이라고요? 인공지능을 다른 분야에 도입을 할 수 있다는 의미인 것 같은데?"

"네, 팀장님. 맞습니다."

"대리님, 인공지능 준법도급 관리에 이어서 또 어디에 AI를 적용하려고 하시는 거예요? 우리 팀이 하는 모든 업무에 인공지능을 도입하시는 건 아니죠? 하하."

"네, 우주 씨. 그 정도 능력도 안 될뿐더러 그렇게 하고 싶은 생각도 없습니다. 하하."

"팀장님, 우리 상생협력팀이 도급 리스크 진단뿐만 아니라 다른 노동법률 리스크 진단도 같이하고 있잖아요? 거기에 인공지능을 적용할 수 있을 것 같습니다."

"예를 들면 이런 거겠네요. 근로자성 리스크도 저희가 분석하잖아요. 근로기준법상 근로자인지, 노동조합법상 근로자인지. 이것 역시 관련 판례를 확보해서 위와 같은 방법으로 진단 체크리스트를 도출하면 충분히 오렌지로 근로자성을 예측할 수 있겠네요. 또 개선과제 역시 영향도 분석을 통해서 우선순위를 결정할 수도 있고."

"네, 맞습니다. 팀장님. 근로자성 리스크 진단뿐만 아니라 최근에 대내외 이슈가 되고 있는 통상임금 이슈라든지, 포괄임금제의 유효성 등과 같은 케이스도 같은 프레임으로 구성한다면 충분히 인공지능을 통해서 우리 팀의 리스크관리 활동에 활용할 수 있을 것으로 보입니다."

"대리님, 우리가 하는 신규 사업에도 활용할 수 있을 것 같습니다. 신규 사업에 많은 회사와 협업하여 진행되면 거기에서도 불법파견 리스크가 나올 수 있기 때문에 신규 사업 런칭 때 인공지능을 활용한 도급 리스크 진단을 하면 안정적인 사업 운영을 하는데 기여할 수 있지 않을까요?"

"팀장님, 방금 우주 씨 이야기 들으셨죠? 우리 우주 씨가 정말 AI 신입사원이라니까요. 하하, 맞습니다. 기존에 우리가 하는 사업뿐만 아니라 신사업에도 역시 인공지능을 활용하여 도급 리스크를 관리할 수 있습니다. 신사업이 안정적으로 운영될 수 있게끔 인공지능으로 리스크를 체계적으로 관리할 수 있게 되는 거죠."

"노동법률 리스크 진단에 신사업 리스크관리까지 우리 팀이 인공지능을 활용해서 추진한다. 음, 이러면 우리 팀명을 AI를 추가해서 상생협력팀에서 AI상생협력팀으로 바꿔야겠습니다. 하하. 우리 팀이 하는 업무 분야에 많이 적용할 수가 있을 것 같네요. 인공지능의 확장성. 정말 대단합니다. 또 다른 기대효과가 있을까요?"

"마지막 기대효과는 경제성입니다."

"신속, 객관, 확장에 이어 경제적이기까지 한다고요? 하하. 어떤 점이 경제적인가요?"

"개선과제에 대한 선택과 집중으로 경제성을 도모할 수 있습니다. 현재는 도급 리스크 진단 결과 도출된 모든 개선과제를 실행했다면 인공지능을 적용하면 예측 결과에 영향도가 높은 진단 체크리스트 항목을 순서대로 개선하고 준법도급으로 예측결과가 전환될 때까지만 실행시키면 되기 때문에 현재 보다 경제적이게 됩니다."

"개선과제가 10개 모두 실행하는 게 지금이었다면 AI를 적용하면 개선과제 10개 중에 준법도급으로 전환 예측이 되는 개선과제만 실행시키기 때문에 경제적이다라는 얘기죠?"

"네, 맞습니다. 팀장님."

"인공지능을 도급 리스크관리에 적용하면 신속, 객관, 확장, 경제성까지. 업무에 적용 안 할 이유가 없겠습니다. 그러면 앞으로…."

"잠시만요, 팀장님."

"네, 우주 씨. 무슨 질문 있나요?"

"네, 팀장님. 6개월 동안 김 대리하고 같이 준비하면서 궁금한 게 몇 가지가 있어서 적어왔거든요. 몇 가지 질문을 좀 드리려고 합니다."

"좋습니다. 어떤 질문이죠?"

2. 확인 사항

"먼저 최근 판례 경향이 반영될 수 있는지입니다. 최근에도 지금도 계속 불법파견 판례들은 대법원에서 하급심에서 계속 나오고 있는데 판례 경향이 조금씩 달라고 지고 있는 것 같은데 이런 경향은 대리님께서 설명해 주신 AI 준법도급 관리에 적용이 되는 건가요?"

"네, 우주 씨. 좋은 질문입니다. 최근 판례에서는 기존의 대법원의 불법파견 판단기준 5가지 중에 업무상 상당한 지휘명령 여부와 원청 등 도급인의 사업에의 실질적 편입 여부가 주요 판단기준이라고 판시한 바 있습니다.[4] 그러나 이것은 확정된 것이 아니고 이러한 경향이 있다는 것입니다. 이런 경향이 반영된 판결이 계속 나올 때는 데이터로 하나씩 쌓일 것이고 또 AI 분석모델에도 반영이 될 것이어서 최근 판례 경향이 AI 분석모델에 반영이 된다고 볼 수 있겠습니다."

"최신 판례 경향이 반영된 판결도 데이터로 하나씩 AI 분석모델에 반영이 되기 때문에 최신 판례 경향이 반영된다는 말씀이시죠?"

"네, 맞아요. 우주 씨."

"네, 알겠습니다. 두 번째 질문은요."

"하하. 궁금한 게 많았나 봐요. 6개월 동안 프로젝트 같이하면서 궁금한 거 많이 물어보고 가르쳐 주고 했는데 더 궁금한 게 있는 거예요?"

"하하. 네, 대리님. 오늘 이렇게 팀장님께 최종 완료 보고를 드리고 나면 집중해서 볼 수 있는 시간이 없을 것 같아서요."

"네, 알겠습니다. 또 다른 질문은요? 궁금한 거 모두 대답해 드릴게요."

"네, 두 번째 질문은요. 같은 근거와 사실관계임에도 불구하고 다른 판결이 심급별로 나오는 경우가 있잖아요. 예를 들면 1심은 불법파견이고 2심과 3심은 준법도급이라고 판결이 나오면 이 같은 경우에는 어떻게 반영이 되는 건가요?"

4) 서울고등법원 2020. 12. 2. 선고 2019나2041509 판결

"이것도 역시 데이터에서 답을 찾을 수 있는데요. 심급별로 각각 하나의 데이터가 만들어지게 됩니다. 1심 불법파견 판결, 2심, 3심 준법도급 판결이 각각 하나의 데이터가 되는 것이죠. 각각의 데이터에 동일 근거와 사실관계 그리고 판결 결과가 각기 달리 반영이 되는 것이고 그 데이터를 가지고 AI 분석모델이 예측하게 되므로 심급별로 다른 결과도 AI 분석모델에 반영이 된다고 볼 수 있습니다."

"심급별로 각각의 데이터가 되기 때문에 동일 근거와 사실관계로 다른 판결이 나오더라도 분석모델에는 데이터로 반영이 된다."

"네, 맞습니다. 우주 씨."

"알겠습니다. 대리님. 마지막 질문입니다. 진단 체크리스트 100개 항목의 체크 결과에 따라 불법파견이 되거나 준법도급이 되는 것인데 체크가 잘못되면 예측 결과가 달라지는 것인가요?"

"같은 체크리스트 항목의 체크 결과가 달라지면 예측 결과에 영향을 미치게 됩니다. 그렇기 때문에 진단 수행자 즉 우리 상생협력팀 팀원들은 진단 체크리스트를 가지고 현장에서 대법원의 판결 경향과 근거를 최대한 고려해서 확인해야 합니다. 우리 팀의 집단 지성을 통해서 오류를 줄이는 노력도 필요할 것이고요."

"우리 우주 씨가 신입사원답지 않은 예리한 질문을 했네요. 같은 사실관계를 보고 김 대리가 진단한 결과와 우주 씨가 진단한 결과가 달라서는 안 되겠지요. 그러기 위해서는 진단 체크리스트에 대한 세부 가이드 및 매뉴얼을 별도로 제작하여 표준화된 기준으로 현장 진단이 되면 좋을 것 같네요."

"네, 팀장님. 진단 체크리스트 100개 항목과 관련된 세부 가이드는 별도로 준비해 보겠습니다."

"그리고 팀장님."

박우주 사원의 얼굴이 갑자기 어두워진다. 무슨 큰 걱정이 있는 것처럼. 지금까지 결과 보고에 열심히 듣고 참여하면서 예리한 질문까지 쏟아내던 박사원의 갑작스러운 낯빛 변화에 송 팀장은 걱정이 앞선다.

"네, 우주 씨, 무슨 고민 있어요? 갑자기 얼굴색이 별로 안 좋은 것 같은데요?"

"팀장님 사실은 제가 반년 남짓 지구 선배와 같이 AI 프로젝트 준비하면서 고민되었던 부분이 있습니다."

"무슨 고민이죠?"

"AI가 우리 팀 업무에 적용이 되면 현재보다 효율적으로 되고 선택과 집중을 통해서 리스크관리를 할 수 있다는 것은 충분히 이해됩니다. 혁신적인 방법으로 개선을 한 것이고요. 칭찬받아 마땅한 일입니다. 그런데요."

"그런데요?"

"이렇게 되면 제가 일할 곳이 없어지는 것 아닌가 하는 불길한 생각이 들어서요. 지금은 도급 리스크 진단에만 인공지능이 사용되는데 앞으로 더욱 기술이 발전해서 AI가 우리를 대체하는 것 아닌가 하는 걱정이 들었습니다."

"하하. 우리 우주 씨가 많이 걱정했나 보네요. 우주 씨, 제가 봤을 때는 그런 걱정은 기우에 불과할 것 같습니다. 앞에서 김 대리가 계속 강조한 것처럼 진단 체크리스트 항목을 개선하기 위해서는 인공지능이 스스로 해주는 것은 불가능하고 우리 팀이 직접 과제를 발굴해서 현업부서와 함께 실행시켜야 하는 상황입니다. 인공지능이 도입되면 현재보다 더 개선과제 발굴에 집중할 수 있게 되고 효과적으로 불법파견을 준법도급으로 전환할 수 있는 여건이 확보되는 것입니다. 그것이 바로 전문가인 우리 팀이 해야 할 일이고요. 이런 일들을 AI가 대신할 수 있을까요?"

"현재 AI 기술보다 발전된다면 가능할 수도 있지 않을까요?"

"우주 씨, 저는 다르게 생각해요. 우리가 도급 리스크 진단을 하고 개선과제를 도출해서 실행하잖아요? 도급 리스크 진단을 하는 사업장의 상황이 전부 다 다르죠? 개별적인 사실관계와 환경들이 모두 달라서 그 상황에 맞는 개선과제를 도출해야 합니다. 그것이 가장 중요하거든요. 인공지능이 과연 그렇게 할 수 있을까요? 저는 아직은 불가능할 것이라고 봅니다. 그렇게 되기 위해서는 인간과 같이 생각하고 판단하고 스스로 행동을 해야 하는 고도로 발달된 인공지능이 실현되어야 하니까요."

"하긴 김 선배가 인공지능의 이해 시간에 설명해 주실 때 스타워즈에 나오는 R2 깡통로봇처럼 우리 인간과 같이 생각하고 판단하고 행동하는 인공지능은 많은 데이터를 입력해야 하고, 프로그래밍까지 해야 하므로 공상 과학 만화영화에서 나오는 그런 인공지능은 실현되기가 매우 어렵다고 이야기한 게 기억이 납니다."

"맞아요. 우주 씨. 상황에 적합한 리스크를 낮출 수 있는 최적의 개선과제를 도출하는 것은 AI가 할 수 없고 우리 팀의 고유한 업무가 될 것이고요. 또 그에 맞는 데이터를 확보하는 것도 역시 우리가 해야 할 일입니다. 머신러닝이 우리가 제공하는 데이터에서 패턴과 규칙을 발견해서 예측해 주는 인공지능이어서 파워풀한 것이지만 기본이 되는 데이터 확보는 결국 우리 팀만이 할 수 있으니까요."

"알겠습니다. 팀장님. 상황에 맞는 개선과제를 발굴하고 고도화해서 실행시키는 것은 우리 팀과 현업부서만이 할 수 있다는 점, 인공지능을 위해서 필요한 데이터 역시 우리가 확보할 수밖에 없다는 점. 이 2가지가 AI가 우리를 대체할 수 없는 이유라는 것. 잘 이해했습니다. 팀장님께서 하나씩 구체적으로 알아듣기 쉽게 설명해 주시니까 한결 마음이 편안해졌습니다. 하하."

3. 향후 계획

"그럼, 김 대리. 앞으로는 AI 프로젝트는 어떻게 진행이 되는 건가요?"

"네, 팀장님. 지금까지 시뮬레이션한 AI 분석모델을 안정화하는 과정을 거쳐야 할 것 같습니다. 각 판례별 판단기준이 명확한지 다시 한번 재검증을 거쳐야 할 것 같고요. 여러 케이스를 반영한 평가(예측)용 데이터를 만들어서 신뢰성을 강화하는 작업도 필요할 것 같습니다. 또 우리 팀원들이 진단할 때 표준화된 진단 능력으로 수행할 수 있도록 진단 체크리스트 항목별 법원 판단 근거의 이해와 함께 이를 진단에 적용하기 위한 매뉴얼을 준비해야 하겠습니다."

"네, 지금은 불법파견, 준법도급 일부 판례를 반영한 시뮬레이션이기 때문에 우리가 기대하는 결과값이 안정적으로 나오는지가 중요할 것 같습니다. 여러 케이스를 반영해서 AI 분석모델의 예측값이 안정적으로 나올 수 있도록 해보시죠."

"네, 알겠습니다. 팀장님. 두 번째로 데이터를 지속적으로 확보해서 업데이트가 필요하겠습니다. 불법파견, 준법도급과 관련된 판례들이 대법원 최종심 뿐만 아니라 하급심에서도 계속 나오고 있습니다. 이러한 케이스를 데이터로 반영해서 고도화뿐만 아니라 판례의 최신 경향까지 AI 분석모델에 반영이 될 수 있도록 해야 하겠습니다."

"책에서 보니까 인공지능의 성패는 데이터 확보라고 하더라고요. 실제 상황이 잘 반영된 데이터를 어떻게 확보해서 AI 분석모델에 적용하는가가 관건이겠죠. 그래서 이 부분은 우리 팀원들 전체가 참여해서 판례 데이터를 확보하는 것으로 진행합시다."

"네, 알겠습니다. 팀장님. 다음은 시뮬레이션한 AI 분석모델을 사업장 도급 리스크 진단때 시범적용을 해보겠습니다."

"좋습니다. 시뮬레이션할 때는 울산2공장 1개 케이스를 해봐서 결과가 나왔는데 앞으로 우리 팀에서 진행하는 현장 진단 때 적용해 보면 여러 케이스가 반영되어서 분석모델의 신뢰성을 확보하는 데 도움이 될 것 같네요. 팀원들한테 AI 분석모델을 활용하는 방법과 내용에 대해서는 김 대리가 우주 씨와 함께 설명해 주시고요. 그런데 AI 분석모델이 아직 신뢰성을 확정적으로 단정하기가 어려우니까 현재 우리가 진단하는 방법과 당분간은 병행하도록 합시다. AI 분석모델의 고도화, 안정화 작업이 완료가 된 후에 AI 분석모델을 통한 진단이 이루어져야 할 것 같아요."

"네, 알겠습니다. 팀원들과 내용 공유해서 향후 현장 진단부터는 AI 분석모델을 통한 결과도 같이 반영하도록 하겠습니다."

"팀장님!"

"네, 우주 씨."

"제가 김 선배와 함께 6개월 동안 AI 프로젝트를 하면서 생각해 봤던 부분이 있어서요."

"하하. 우리 우주 씨가 AI와 찐친이 된 것 같은데요? 어떤 걸 생각해 보셨나요?"

"우리가 진단 체크리스트 항목을 100개로 선정하기 위해서는 불법파견, 준법도급 판례의 판결 이유에서 판단기준을 뽑아서 유사한 항목들은 하나로 그룹화하여 최종 진단 체크리스트를 도출하잖아요?"

"네, 그렇죠. 그런데요?"

"우리 팀원들이 하다 보면 사람이다 보니 꼼꼼히 보더라도 자기도 모르는 사이에 빠뜨릴 수도 있고요. 또 같은 의미가 아닌데 같은 의미로 판단해서 하나의 체크리스트 항목으로 그룹화할 수도 있고. 휴먼 에러Human error에 의해서 진단 체크리스트 항목 결정이 영향을 받지 않을까 하는…."

"아, 그렇네요. 사람이 하는 것이라서 누락이 될 수도 있고 개인의 판단으로 체크리스트 항목 선정에 에러가 발생할 수도 있겠네요. 그러면 이것을 어떻게 해결할 수 있을까요?"

"네, 팀장님. 많이 생각해 본 것은 아니고요. AI 프로젝트를 준비하다가 보니까 방금 말씀드린 부분을 어떻게 해야 하나라는 생각이 들어서 좀 찾아봤거든요. 김 선배가 보고드리면서 말씀해 주셨던 텍스트 마이닝을 활용한다면 어느 정도는 해결할 수 있을 것 같습니다."

"텍스트 마이닝이라면 문자를 인공지능으로 분석한다?"

"네, 맞습니다. 팀장님. 텍스트에서 고품질 정보를 추출하는 프로세스인데요. 텍스트 마이닝을 통해서 텍스트에서 예측 분석, 묘사적 분석, 어휘 분석, 패턴 인식 등을 실행할 수 있다고 합니다. 기본적으로는 자연어 처리Natural Language Process라는 알고리즘 및 분석 방법을 적용하여 텍스트 분석을 위한 데이터로 변환하는 작업이 필요합니다."

"판결문이 문자, 텍스트로 이루어져 있어서 텍스트 마이닝을 활용하면 우리가 진단 체크리스트 항목을 확정하는 데에는 많은 도움이 되겠네요. 아, 그런데 우리 김 대리와 우주 씨가 오렌지를 활용해서 준비하는 것도 6개월이나 걸렸는데 텍스트 마이닝까지 한다면 쉽지 않을 것 같은데요? 텍스트 인터페이스여서 프로그래밍, 코딩 등에 대해서도 기본적으로 알아야 할 것 같고."

"네, 맞습니다. 저희와 같은 비전문가가 하기에는 어려울 것 같습니다. 텍스트 마이닝이 추가로 반영이 된다면 지금보다는 퀄리티 측면에서 향상된 인공지능 준법도급 관리가 되지 않을까라는 생각에서 말씀드려봤습니다."

"네, 좋습니다. 우주 씨. 신입사원인데도 6개월 동안 프로젝트를 선배와 함께 하면서 그런 인사이트를 얻고 나름의 생각을 해봤다는 자체가 대단한 거예요. 수고하셨습니다. 텍스트 마이닝 부분은 현재 시뮬레이션한 AI 분석모델이 안정적으로 운영이 된 후 추진 여부를 한번 고민해 보겠습니다. 전문기관과 협업이 있어야 할 것 같고. 쉽지는 않겠지만요."

"6개월 동안 인공지능 준법도급 관리를 위해서 야근도 주말 출근도 하면서까지 준비해 주신 우리 김지구 대리, 박우주 사원 정말 수고하셨고 또 정말 고맙습니다. 인공지능이 현업부서에서도 적용하기가 쉽지 않은 분야인데 우리 지원 부서에서 특히 노무라는 정량화하기에는 다소 어려운 부분이 많은 우리 팀 업무에 AI 적용을 시도한 것 자체가 탁월한 성과라고 생각합니다. 김 대리가 마지막에 잘 정리해 주신 것처럼 남은 기간 AI 분석모델의 신뢰도를 좀 더 높이고 보완해서 우리 상생협력팀의 도급 리스크 진단업무에 적용할 수 있도록 해봅시다. 김 대리, 우주 씨 그동안 정말 수고 많으셨습니다. 수고하셨어요."

"네, 팀장님. 수고하셨습니다."

"아, 그리고 김 대리. 관련 자료 저에게 메일로 좀 보내주세요. 경영지원실장님께 보고드리고 고생한 우리 김 대리랑 우리 우주 씨 인센티브도 좀 달라고 말씀을 드려야겠어요. 하하."

"하하. 네, 알겠습니다. 인센티브라면 지금 당장 보내 드리겠습니다. 하하."

송 팀장은 회의실을 나오면서 입가에 미소가 번진다. 인공지능으로 불법파견 리스크를 관리한다. 처음에는 과연 가능하겠냐는 의구심이 들었으나 최종 결과 보고를 들어본 지금은 실현할 수 있겠다는 확신이 든다. 빨리 경영지원실장님께 가서 보고드리고 싶어서 발걸음이 가벼워진다.

인공지능 적용 기대효과와 확인 사항

1. 기대효과

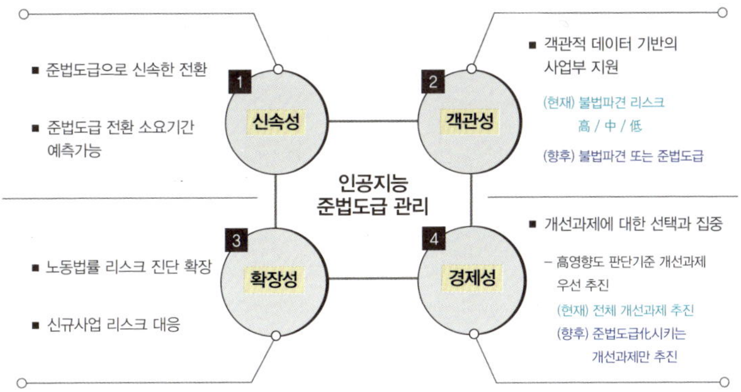

1) 신속성

· 불법파견에서 준법도급으로의 신속한 전환
· 전환 소요 기간 예측 가능

2) 객관성

· 객관적 데이터 기반의 사업부 지원 가능

3) 확장성

· 근로자성, 통상임금, 포괄임금제 유효성 등 노동법률 리스크 진단 확장 가능
· 신사업의 안정적 운영을 위한 사전 도급 리스크 검토 대응

4) 경제성

· 예측 결과 영향도가 높은 진단 체크리스트 항목 순서대로 개선과제 도출/실행

· 선택과 집중을 통한 경제적인 개선 활동 가능

2. 확인 사항

1) 최근 판례 경향이 반영되는지

· 대법원 불법파견 판단기준 중 업무상 상당한 지휘명령 여부, 원청 등 도급인의 사업에의 실질적 편입 여부 2가지가 최근 주요 판단기준으로 나오고 있음

· 이는 확정된 것이 아니라 그러한 판례 경향이 있다는 것임

· 이런 경향의 판결이 계속 나올 때 데이터에 반영되고 AI 분석모델에도 반영되어 예측되므로 판례 경향은 반영된다고 볼 수 있음

2) 동일 근거, 동일 사실관계임에도 불구하고 다른 판결(ex. 1심 : 불법파견, 2심, 3심 : 준법도급)이 나올 때도 AI 분석모델에 반영이 되는지

· 이것 역시 1심 판결이 하나의 데이터가 되고 2, 3심 판결이 각각 하나의 데이터가 되는 것임

· 데이터에 동일 근거, 동일 사실관계가 각각 다른 판결 결과가 반영되어 데이터화 되며 AI 분석모델이 그 데이터를 반영하여 예측하게 되는 것임

3) 진단 체크리스트 체크 결과에 따라 불법파견 또는 준법도급이 예측되는 것인데 같은 사업장을 진단하였을 때 진단 수행자에 따라 체크가 잘못되면 예측결과가 달라지는 것 아닌지

· 같은 진단 체크리스트를 달리 체크할 경우에는 예측 결과에 영향을 미침

- 진단 수행자는 체크리스트로 현장을 확인할 때 법원의 판단 근거와 경향을 최대한 반영하는 것이 중요함
- 집단 지성을 통한 오류를 줄이는 노력 또한 필요하며 진단 체크리스트 항목별 세부 판단기준에 대한 가이드 및 매뉴얼도 별도 정리가 필요함
- 이를 통해 표준화된 진단이 이루어져야 예측 결과에 미치는 오류를 줄일 수 있음

4) 인공지능을 도급 리스크 진단 등 팀 수행업무에 도입하게 되면 일자리가 없어지는 것은 아닌지

- 도급 리스크 해소를 위해서는 개선과제를 발굴하고 실행하는 것이 중요함
- 각 사업장별 상황에 맞는 개선과제를 도출하고 고도화하여 실행하는 주체는 AI가 될 수 없고 담당 부서가 할 수밖에 없음
- 또한 인공지능을 위해서는 데이터가 필수적인 요소인데 이 또한 담당 부서가 확보할 수밖에 없으므로 인공지능으로 인한 일자리 대체는 쉽게 이루어지지 않을 것임

5) 판례별 판결 이유에서 진단 체크리스트 항목을 도출할 때 임의 판단, 누락 등으로 발생하는 휴먼에러Human error를 줄이는 방법은 없는지

- 텍스트 마이닝Text mining으로 판결문의 텍스트에서 정보를 추출하여 예측 분석, 묘사적 분석, 어휘 분석, 패턴 인식 등을 활용할 수 있음
- 자연어 처리NPL라는 알고리즘 및 분석 방법을 적용하여 텍스트 분석을 위한 데이터 변환 작업이 필요
- 텍스트 인터페이스여서 별도의 프로그래밍, 코딩 등의 작업이 필수임

3. 향후 계획

1) AI 분석모델 안정화

· 진단 체크리스트 항목별 판단기준 재검증

· 다수의 평가(예측)용 데이터를 통한 AI 분석모델 예측 결과 신뢰성 강화

2) 데이터 지속 확보 및 업데이트

· 불법파견, 준법도급 최신 판례 데이터 반영

3) 사업장 도급 리스크 진단 시범 적용

· 현재 리스크 진단 결과와 함께 병행 사용 (AI 분석모델 예측 결과 신뢰성 확보 완료까지)

V

또 다른 기회와 도전

V. 또 다른 기회와 도전

지이이이잉. 지이이이잉. 지이이이잉.

[경영지원실 탁○○상무님.]

송 팀장은 휴대폰으로 발신자를 확인했다. 올해 초에 기존 경영지원실장이셨던 조 상무님께서는 회전기사업부 생산실장으로 자리를 옮기셨다. 후임으로 오신 탁 상무님께 마침 가던 길인데 딱 맞게 전화까지 주신 탁 상무님이 내심 고맙다.

"네, 상무님. 송 팀장입니다."

"어, 송 팀장. 지금 어딘가?"

"지금 보고드릴 게 있어서 상무님 집무실로 가는 길입니다. 상무님! 놀라지 마십시오."

"놀라다니? 무슨 일 있어?"

"인공지능을 우리 상생협력팀 업무에 적용할 수 있을 것 같습니다. 지금 시간 되시면…."

"인공지능을 상생협력팀 업무에 적용한다고? 아, 전에 말했던 AI를 도급 리스크 진단에 적용한다고 했던 거? 그거?"

"네, 상무님. 6개월 동안 우리 상생협력팀의 김지구 대리와 박우주 사원이 프로젝트를 진행했었는데 오늘 최종 결과가 나왔습니다. 그래서 그 결과를 지금 가서 보고드리려고요."

"아, 알겠네. 수고했네. 그런데, 송 팀장. 지금 인공지능이 문제가 중요한 게 아니네. 큰일 났어."

송 팀장은 휴대폰 건너에서 들리는 탁 상무님의 목소리가 평소 자신 있는 밝은 목소리와 사뭇 많이 달라서 걱정이 앞선다.

"큰일이요? 무슨 큰일이요?"

"송 팀장, 우리 회사에 노동조합이 생겼어."

"노동조합이요?"

'지금 회사에 노동조합이 있는데 또 다른 노동조합이 생겼다는 말인가? 아니면 협력사에 노동조합이 생겼다는 말인가?'

"네, 상무님. 지금 바로 가겠습니다."

송 팀장은 복잡한 생각이 들면서 전화를 서둘러 끊고 경영지원실장 집무실로 급히 뛰어갔다.

에필로그

B연구소, 국회도서관과 '입법 · 리걸테크'분야에 생성 AI적용 ... 지능형 법률정보 시스템 구현 가속한다! (인공지능신문, 2023. 8. 29.일자 기사 중 일부 발췌)

최근 인공지능의 붐이 법조계에도 일고 있다. 국내 인공지능 리걸테크 분야를 선도하고 아시아 최초로 법률추론 생성형 AI 상담 솔루션 '법률GPT$_{LawGPT}$'출시한 B연구소에서 입법, 리걸테크 분야에 생성형 인공지능 도입을 위한 공동 협력 방안을 국회도서관과 추진하고 있다. B연구소에서는 법률GPT 이외에도 비대면 법률 자문 서비스와 AI 계약서 자동분석기를 개발하여서 법조계에 인공지능 도입을 도입했다.

필자는 제4차 산업혁명 시대에 살아남기 위해서, 그런 거창한 이유로 인공지능을 업무에 적용한 것이 아니다. 18세기 후반 증기기관의 발명으로 시작된 제1차 산업혁명, 전기와 석유, 화학의 신분야를 개척한 19세기 후반의 제2차 산업혁명, 인터넷 기술로 생산자와 공급자의 개념이 붕괴했던 20세기 말의 제3차 산업혁명을 지나서 지금의 초연결사회의 제4차 산업혁명 시대의 키워드인 인공지능이 앞으로 필자의 삶을 어떻게 변화시킬 것인가에 대한 막연한 두려움과 약간의 호기심에서 출발하였다.

최근까지 회사에서 불법파견 리스크를 관리하고 준법도급을 위해 진단을 하는 업무를 했던 터라 인공지능을 업무에 적용하면 보다 효율적으로 업무를 할 수 있을 것 같다는 생각이 시작이었다. 오렌지 데이터 마이닝 도구를 인공지능 준법도급 관리에 적용한 결과, 지금 우리가 하고 있는 도급이 불법파견인지 준법도급인지 예측할 수 있고 또 불법파견일 때에는 어떤 개선 과제를 어떤 순서로 개선해야지 되는 것에 대한 확실한 해답을 구할 수 있어서 만족하고 있다. 하지만 앞으로 이 AI 분석모델을 관련 업무에 확대 적용하기 위해서는 몇 가지 보완이 필요할 것 같다.

AI 분석모델의 예측 결과의 안정화를 위해서 다양한 케이스를 평가(예측)용 데이터로 반영하여 신뢰성을 높이는 작업이 있어야 하겠다. 불법파견과 준법도급 관련 판례를 지속적으로 보다 더 많이 확보하여 데이터를 업데이트해야겠으며 실제 사업장 도급 리스크 진단에 시범 적용하여 미흡한 부분에 대한 보완 역시 필요하다. 그 이후에 AI 분석모델 예측 결과의 신뢰성에 대한 확신이 들었을 때는 필자와 같은 고민을 하는 기업과 공인노무사, 컨설턴트분들께 알려 드리고 싶은 생각도 있다.

이 책이 나올 수 있기까지 많은 도움이 있었다. 아낌없는 사랑을 주시는 우리 어머니와 아버지, 항상 웃으시면서 최고라고 칭찬해주시는 우리 장인어른과 장모님, 가족의 참된 의미를 알게 해주는 우리 누나, 나의 롤모델인 우리 형 그리고 영원한 또 다른 나이자 사랑인 가두리 문에게 감사함을 전하고 싶다. 책을 출판하는데 많은 도움을 주신 ㈜중앙경제 김남진 대표님과 김태윤 상무님, 최가영님께 감사드리고 계속 함께 하고픈 우리 알룸나이 이재원 대표님, 장광훈 본부장님, 권유정 차장님께도 감사드린다. 특히 저의 두 번째 졸작도 직접 감수해 주시고 많은 생각과 배려 그리고 관심을 주시는 닮고 싶은 선배이자 형인 김우탁 대표노무사님께 깊은 존경과 감사를 표한다.

항상 처음과 같이 이제와 항상 영원히 사람이 먼저라는 생각을 가지고 현재에 감사하며 앞으로를 준비하고 싶다.

참고 및 인용·활용판례

[참고문헌]

- 김범열, 박철용, 「인공지능(AI)도구 오렌지로 바로 실행하는 피플 애널리틱스」, 박영story, 2023
- 임선집외 2인, 「오렌지3 데이터분석 with 파이썬」, 루비페이퍼, 2023
- 서울과학종합대학원 디지털혁신처, 「3시간에 배우는 인공지능 데이터 분석 오렌지」, 서울경제경영, 2022
- 손원성외 3인, 「오렌지3로 알아가는 머신러닝 데이터 분석」, 도서출판 홍릉, 2021
- 오렌지 홈페이지, https://orangedatamining.com

[인용 판례]

- 대법원 2015. 2. 26. 선고 2010다93707 판결
- 서울고등법원 2020. 12. 2. 선고 2019나2041509 판결

[AI 분석활용 판례]

- 대법원 2013. 2. 28. 선고 2011도34 판결
- 대법원 2015. 2. 26. 선고 2010다106436 판결
- 대법원 2015. 2. 26. 선고 2010다93707 판결
- 대법원 2015. 11. 26. 선고 2013다14965 판결
- 대법원 2016. 6. 10. 선고 2016다10254 등 판결
- 대법원 2016. 7. 22. 선고 2014다222794 판결
- 대법원 2017. 12. 22. 선고 2015다32905 판결
- 대법원 2017. 12. 22. 선고 2015다32912 판결
- 대법원 2018. 2. 8. 선고 2017다272912 판결
- 대법원 2018. 11. 29. 선고 2018도14703 판결
- 대법원 2018. 12. 13. 선고 2016다240406 판결
- 대법원 2019. 4. 23. 선고 2016다277538 판결
- 대법원 2019. 8. 29. 선고 2017다219072 등 판결
- 대법원 2019. 8. 29. 선고 2017다219249 판결
- 대법원 2020. 2. 28. 선고 2019다294862 판결

· 대법원 2020. 3. 26. 선고 2017다217724 등 판결
· 대법원 2020. 4. 9. 선고 2017다17955 판결
· 대법원 2020. 5. 14. 선고 2016다239024 등 판결
· 대법원 2020. 7. 3. 선고 2020다222115 판결
· 대법원 2021. 4. 8. 선고 2020다296079 등 판결
· 대법원 2021. 5. 27. 선고 2021다212726 판결
· 대법원 2021. 7. 8. 선고 2018다243935 등 판결
· 대법원 2022. 4. 28. 선고 2021다290160 판결
· 대법원 2022. 5. 26. 선고 2021다210621 판결
· 대법원 2022. 7. 28. 선고 2016다40439 판결
· 대법원 2022. 7. 28. 선고 2021다221638 판결
· 대법원 2022. 9. 29. 선고 2022다248319 등 판결
· 대법원 2022. 10. 27. 선고 2017다14581 등 판결
· 대법원 2022. 10. 27. 선고 2017다14833 등 판결
· 대법원 2022. 10. 27. 선고 2017다15010 등 판결
· 대법원 2022. 10. 27. 선고 2017다15065 등 판결
· 대법원 2022. 10. 27. 선고 2017다9732 등 판결
· 대법원 2022. 10. 27. 선고 2017다9763 등 판결
· 대법원 2022. 11. 17. 선고 2021다252468 판결
· 대법원 2022. 12. 1. 선고 2020다290668 판결
· 대법원 2023. 4. 13. 선고 2021다310484 판결
· 대법원 2023. 7. 13. 선고 2022다275885 판결
· 서울고등법원 2010. 10. 1. 선고 2009나117975 판결
· 서울고등법원 2010. 11. 12. 선고 2007나56977 판결
· 서울고등법원 2013. 1. 25. 선고 2012나10302 판결
· 서울고등법원 2014. 8. 18. 선고 2013나2028405 판결
· 서울고등법원 2016. 6. 24. 선고 2014나2036786 등 판결
· 서울고등법원 2016. 7. 6. 선고 2015나2023411 판결
· 서울고등법원 2016. 11. 30. 선고 2016나2016748 판결
· 서울고등법원 2017. 2. 3. 선고 2015나2006676 판결
· 서울고등법원 2017. 2. 3. 선고 2015나2033531 등 판결
· 서울고등법원 2017. 2. 10. 선고 2014나48790 등 판결
· 서울고등법원 2017. 2. 10. 선고 2014나49625 등 판결
· 서울고등법원 2017. 2. 10. 선고 2014나50472 등 판결

· 서울고등법원 2017. 2. 10. 선고 2014나51475 등 판결
· 서울고등법원 2017. 2. 10. 선고 2014나51581 등 판결
· 서울고등법원 2017. 2. 10. 선고 2014나51666 등 판결
· 서울고등법원 2017. 2. 10. 선고 2016나2016939 등 판결
· 서울고등법원 2017. 4. 7. 선고 2016나11051 판결
· 서울고등법원 2017. 9. 15. 선고 2016나2081865 판결
· 서울고등법원 2018. 5. 29. 선고 2017나2005844 등 판결
· 서울고등법원 2019. 9. 27. 선고 2018나2062639 판결
· 서울고등법원 2019. 11. 12. 선고 2019나2039100 등 판결
· 서울고등법원 2020. 2. 4. 선고 2019나2044836 판결
· 서울고등법원 2020. 10. 30. 선고 2019나2034037 판결
· 서울고등법원 2021. 1. 15. 선고 2020나2012033 판결
· 서울고등법원 2021. 5. 28. 선고 2019나2052394 판결
· 서울고등법원 2021. 6. 11. 선고 2020나2033917 판결
· 서울고등법원 2021. 10. 8. 선고 2021나2006479 판결
· 서울고등법원 2022. 1. 25. 선고 2020나2010020 판결
· 서울고등법원 2022. 2. 16. 선고 2020나2008393 등 판결
· 서울고등법원 2022. 5. 25. 선고 2021나2025982 등 판결
· 서울고등법원 2022. 8. 19. 선고 2021나2009904 판결
· 부산고등법원 2021. 1. 13. 선고 2020나50822 판결
· 부산고등법원 (창원) 2016. 1. 21. 선고 2015나130 등 판결
· 부산고등법원 (창원) 2021. 11. 25. 선고 2020나13611 판결
· 광주고등법원 2015. 4. 24. 선고 2012나4830 판결
· 광주고등법원 2015. 4. 24. 선고 2012나4847 판결
· 광주고등법원 2016. 8. 7. 선고 2013나1128 판결
· 광주고등법원 2021. 2. 3. 선고 2019나21018 판결
· 수원고등법원 2020. 11. 19. 선고 2020나13478 등 판결
· 서울중앙지방법원 2007. 6. 1. 선고 2005가합114124 판결
· 서울중앙지방법원 2009. 11. 13. 선고 2008가합123693 판결
· 서울중앙지방법원 2011. 11. 29. 선고 2010가합135996 판결
· 서울중앙지방법원 2014. 9. 18. 선고 2010가합112450 등 판결
· 서울중앙지방법원 2014. 9. 18. 선고 2010가합112481 등 판결
· 서울중앙지방법원 2014. 9. 19. 선고 2010가합112474 등 판결
· 서울중앙지방법원 2014. 9. 19. 선고 2010가합112511 등 판결

· 서울중앙지방법원 2014. 9. 25. 선고 2011가합75831 판결
· 서울중앙지방법원 2014. 9. 25. 선고 2011가합75848 등 판결
· 서울중앙지방법원 2015. 4. 17. 선고 2014가합550098 판결
· 서울중앙지방법원 2016. 2. 5. 선고 2014가합573565 등 판결
· 서울중앙지방법원 2016. 2. 18. 선고 2014가합518841 판결
· 서울중앙지방법원 2016. 7. 7. 선고 2013가합79295 판결
· 서울중앙지방법원 2018. 10. 9. 선고 2015가합556345 판결
· 서울중앙지방법원 2019. 7. 11. 선고 2015가합7980 판결
· 서울중앙지방법원 2019. 11. 7. 선고 2017가합531647 판결
· 서울중앙지방법원 2020. 1. 9. 선고 2016가합565278 판결
· 서울중앙지방법원 2020. 1. 31. 선고 2016가합521209 판결
· 서울중앙지방법원 2020. 2. 6. 선고 2016가합524550 등 판결
· 서울중앙지방법원 2020. 9. 10. 선고 2018가합539662 판결
· 서울중앙지방법원 2021. 1. 14. 선고 2018가합591301 판결
· 서울중앙지방법원 2021. 1. 21. 선고 2018가합508255 판결
· 서울중앙지방법원 2021. 6. 17. 선고 2019가합562898 등 판결
· 서울동부지방법원 2015. 1. 6. 선고 2013가합2298 판결
· 수원지방법원 2018. 8. 27. 선고 2017노7556 판결
· 수원지방법원 성남지원 2014. 9. 3. 선고 2013가합1392 등 판결
· 수원지방법원 성남지원 2015. 6. 3. 선고 2013가합201932 등 판결
· 수원지방법원 성남지원 2016. 9. 21. 선고 2013가합12385 판결
· 수원지방법원 안양지원 2013. 11. 8. 선고 2012가합8395 판결
· 수원지방법원 평택지원 2016. 12. 21. 선고 2014가합4417 등 판결
· 수원지방법원 평택지원 2017. 10. 12. 선고 2017고정112 판결
· 수원지방법원 평택지원 2020. 2. 13. 선고 2018가합10243 등 판결
· 울산지방법원 2020. 1. 9. 선고 2017가합25501 판결
· 창원지방법원 2009. 2. 16. 선고 2007고정276 판결
· 창원지방법원 2010. 12. 23. 선고 2009노579 판결
· 창원지방법원 2014. 12. 4. 선고 2013가합3781 등 판결
· 창원지방법원 2020. 9. 10. 선고 2018가합56124 판결
· 광주지방법원 2012. 7. 26. 선고 2011가합2120 판결
· 광주지방법원 2012. 7. 26. 선고 2011가합926 판결
· 광주지방법원 순천지원 2013. 1. 25. 선고 2011가합2198 판결
· 광주지방법원 순천지원 2019. 2. 14. 선고 2016가합777 판결